Dr. John Coleman

# A GUERRA DAS DROGAS CONTRA A AMÉRICA

OMNIA VERITAS.

# John Coleman

John Coleman é um autor britânico e antigo membro dos Serviços Secretos de Inteligência. Coleman produziu várias análises do Clube de Roma, da Fundação Giorgio Cini, da Forbes Global 2000, do Colóquio Interreligioso para a Paz, do Instituto Tavistock, da Nobreza Negra e outras organizações que se aproximam do tema da Nova Ordem Mundial.

## A GUERRA DAS DROGAS CONTRA A AMÉRICA

*DRUG WAR AGAINST AMERICA*

Traduzido do inglês e publicado pela Omnia Veritas Limited

© Omnia Veritas Ltd - 2023

**ꝊMNIA VERITAS.**

**www.omnia-veritas.com**

# Capítulo 1

## A guerra das drogas contra a América

O primeiro passo para resolver um problema é reconhecê-lo como um problema. A América tem um problema de droga, um enorme problema de droga que se recusa a desaparecer; um problema que só será resolvido quando a nação abordar a sua origem.

A maioria dos americanos sabe que existe uma epidemia de droga, mas apenas uma pequena minoria está ciente de que esta foi infligida à nossa sociedade pelos "governantes das trevas, os ímpios em lugares altos, que preferem a escuridão à luz porque as suas acções são más.

Este livro é sobre quem são estes homens e como dirigem a maior e mais rentável empresa do mundo, o que conseguiram e a eficácia das contramedidas tomadas.

Não pense que o comércio de droga é apenas um comércio de rua, onde os traficantes são controlados pela máfia. Isto é certamente parte do problema, mas os verdadeiros promotores deste comércio maldito encontram-se nos corredores da "elite" deste mundo, as famílias "reais", as famílias "nobres" da Europa e as famílias "melhores" da América, Grã-Bretanha e Canadá. O comércio atinge os mais altos escalões de poder e não foi erradicado, mas apenas um pouco contido. O USDA e as agências de combate às drogas em todo o mundo estão a tentar combater um incêndio florestal com mangueiras sem pressão de água suficiente. Como é que isto é possível?

A resposta é que o comércio da droga não pode ser erradicado porque os seus directores, os governantes das trevas, os vilões dos lugares altos, não permitirão que o negócio mais lucrativo do mundo, com lucros colossais que requerem um capital de investimento mínimo, um produto virtualmente gratuito com poucos custos de produção, lhes seja retirado. Os únicos problemas que os controladores desta "empresa" maciça enfrentam são a entrega e a distribuição. Como disse num dos meus livros, certamente que uma nação capaz de organizar um esforço de mobilização maciço e de enviar um enorme exército para o estrangeiro para combater e vencer a Segunda Guerra Mundial pode organizar uma campanha para erradicar o tráfico de droga.

O tráfico de droga é uma tarefa mais assustadora do que a guerra contra a Alemanha e o Japão na Segunda Guerra Mundial? Claro que não, a América pode fazê-lo. O problema é que o factor X entra em acção assim que a agência americana de combate à droga começa a enfrentar o problema, e o factor X é a elite dominante, cuja enorme fortuna provém do comércio da droga.

Este comércio começou em 1652 e envolveu vários outros países. A aristocrática "alta sociedade" britânica dirigia de facto o lucrativo comércio de ópio chinês e Lord Palmerston do governo britânico até o declarou no Parlamento.

A imensa riqueza e poder de que desfrutam as famílias da aristocracia britânica - a classe dominante - pode ser atribuída directamente a esta actividade odiosa e suja. Como tenho dito muitas vezes nos meus *Relatórios Semanais de Informações* e noutros locais, a longa luta pelo controlo de Hong Kong entre os governos britânico e chinês não foi sobre a massa terrestre da ilha em si, mas sobre quem recebe a parte de leão dos biliões de dólares gerados pelo comércio de ópio da China, que representa 64% das suas receitas em divisas. As famílias "nobres" da Grã-Bretanha tinham sempre tomado a maior parte do bolo, mas agora que os chineses estavam a exigir uma peça maior, com o colapso do Império Britânico e do seu poder, a Grã-Bretanha não tinha outra escolha senão aceder à sua exigência, que veio com uma condição. O controlo do comércio mundial deveria permanecer em mãos britânicas, as mãos manchadas das "nobres" e altamente respeitadas famílias "antigas", aquelas que não dariam o tempo certo aos gostos do povo americano, a oligarquia que ocupa as cadeiras do poder em lugares altos! A guerra da droga contra a América deu um novo e perturbador passo no início dos anos 50, com a introdução do LSD na juventude americana por Aldous Huxley e Bertrand Russell.

O LSD é fabricado pela família suíça da oligarquia e nobreza negra, Hoffman LaRoche. As experiências LSD estão oficialmente sob o controlo do Centro de Investigação de Stanford, onde foram realizadas extensas experiências sob os nomes de código "Operação Naomi" e "Operação Artichoke" com marijuana e cocaína.

A juventude americana desapareceu sob uma nevasca de pó branco produzido a partir de folhas verdes amassadas. As vítimas consentidas e não consentidas foram "testadas" em locais como o Center for Addiction, Mount Sinai Hospital, e Boston Psychiatric Hospital, para citar apenas dois dos maiores centros de testes. Com a promoção simultânea da "música" atonal de Theo Adorno, aperfeiçoada em Wilton Park, casa da propaganda britânica e centro de desinformação, surgiu uma fraude espantosa chamada "música rock" executada por bandas de rock, que serviu como meio para a introdução de programas notórios de lavagem ao cérebro e "testes" de drogas.

O primeiro de muitos desses enganos foi a "descoberta" de Ed Sullivan dos Beatles, viciados em drogas. Todo o negócio do "rock" foi concebido e aperfeiçoado em Wilton Park com o objectivo deliberado de o utilizar como veículo para atrair os jovens americanos a usar drogas e torná-lo um costume social aceitável. O rock foi concebido apenas como um veículo para a disseminação de drogas e todas as "bandas de rock" "descobertas" após a experiência dos Beatles se terem tornado parte de uma guerra psicológica contra a juventude de muitos países. Todas as bandas fraudulentas foram formadas em Wilton Park por especialistas que as chamaram "música atonal", após o que Wilton Park desencadeou toda uma série de "bandas de rock" sobre um público americano insuspeito. Ed Sullivan, a personalidade radiofónica mais famosa da América, foi cúmplice no crime do século ao trazer os "Beatles" para a América!

Os envolvidos na promoção de concertos de rock ou na distribuição de discos e cassetes daquele som horrendo, uma cacofonia de barulho que perturba a mente, deveriam ter sido processados pelo seu envolvimento na propagação de drogas. Acredito que todos os concertos de rock são um crime, porque são utilizados para encorajar os jovens a tomarem drogas. É assim que os concertos de rock têm sido organizados principalmente como capa para a distribuição de drogas e como a "música" de rock se tornou parte integrante da guerra contra a droga na América. Está na hora de nós, o povo, tirarmos as luvas e juntarmos algumas cabeças!

Será duplamente difícil erradicar o comércio da droga até que a "música rock" seja erradicada e os chamados "conceitos de rock" sejam proibidos. Isto significa encerrar a divisão de registos da RCA e, como saberão aqueles de vós que acompanharam os meus relatórios ao longo dos anos, a RCA é uma filial dos serviços secretos britânicos, que começou em 1924, quando a empresa americana Marconi era uma filial totalmente detida pela empresa britânica Marconi. Então, como agora, a RCA era gerida pelos britânicos em virtude do controlo da Morgan Guarantee sobre o grupo mãe, Westinghouse e General Electric Company. United Fruit Company - agora United Brands - cujo presidente, Max Fisher, doou enormes somas de dinheiro ao Partido Republicano em 1972, realizou a franquia para todo o equipamento de comunicações vendido na América Latina e nas Caraíbas pelo grupo RCA-Westinghouse-G.E. A RCA tinha ligações com a Alemanha antes da Segunda Guerra Mundial, através da amizade vitalícia do presidente da RCA, David Sarnhoff, com Hjalmar Schacht, o génio financeiro de Hitler. Foram amizades deste calibre que impediram o 'Juiz' Jackson de obter uma condenação contra Schacht nos 'julgamentos' ilegais de Nuremberga. O juiz Jackson não era de todo um juiz, mas um advogado, que aceitou o apelo desesperado do governo dos EUA para preencher a vaga nos julgamentos de Nuremberga. Os juízes regulares dos EUA não reconheceram a legalidade do processo de Nuremberga e rejeitaram ofertas do Departamento de Justiça para representar o governo dos EUA.

Deixe-me apressar-me a acrescentar que as drogas ilegais "recreativas" foram completamente erradicadas na Alemanha quando Hitler estava no poder. A RCA, através de Sarnhoff (um agente dos serviços secretos britânicos de longa data), fez esforços pessoais de angariação de fundos para várias experiências e projectos relacionados com drogas conduzidos pelo Stanford Research Institute, a mesma instituição que supervisionou o famoso programa experimental MK Ultra LSD.

E o presente? A partir de meados de 2009, o quadro geral é muito sombrio. A DEA e as autoridades internacionais de controlo da droga não conseguiram fazer nem mesmo uma pequena mossa na infra-estrutura bem protegida do comércio de droga. Apesar dos esforços crescentes da DEA, o fluxo de drogas para a América continua a aumentar e está agora oficialmente fora de controlo. Isto não quer dizer que a América não possa parar o comércio. O que indica é que a América está a travar uma guerra contra a droga com ambas as mãos atadas atrás dela. Os esforços para combater a ameaça da droga parecem uma produção teatral cómica e não serão mais bem sucedidos do que as suas anteriores tentativas infrutíferas, até chegarmos às pessoas por detrás da cena da droga.

As seguintes medidas, que não foram tomadas, devem ser tomadas sem mais delongas:

> Fechar a torneira da "ajuda externa" aos países que produzem as matérias primas para o comércio.

> Os EUA deveriam também celebrar um tratado especial de extradição com os países produtores de droga, que permitiria aos agentes da DEA operar nos países produtores com o poder de extraditar os principais produtores de droga para os EUA.

Se fomos capazes de formular os estatutos de Nuremberga para "crimes contra a humanidade", então devemos também ser capazes de formular um acordo internacional que dê aos agentes dos EUA uma ampla latitude, porque o comércio de drogas não é um crime contra a humanidade?

> Os EUA devem nomear procuradores especiais (como fizemos na conspiração do Tavistock Watergate) para coordenar todas as acções penais relacionadas com a droga.

Na medida em que os Estados Unidos foram capazes de criar um tribunal internacional em Nuremberga, podemos certamente fazer o mesmo hoje, porque as drogas e o comércio de drogas são uma guerra contra o mundo civilizado - e muito certamente um crime contra os direitos humanos.

> Os EUA devem empenhar-se num programa para encorajar os países que produzem as matérias-primas para o comércio a venderem toda a sua "cultura" aos americanos nomeados e controlados, em conformidade com um acordo escrito segundo o qual não será produzida mais nenhuma "cultura".

> Os agentes americanos devem ter um acordo para tornar o solo de áreas inteiras de cultivo (como o Helmand no Afeganistão, lar da papoila opiácea) inutilizável para a plantação de papoilas.

Pode ser feito e é muito mais barato do que o enorme custo de policiar a nossa costa e pagar as contas médicas das vítimas do tráfico de droga.

> Uma medida que os EUA podem facilmente tomar é aprovar leis que instituam a pena de morte para qualquer pessoa apanhada a traficar, vender ou promover drogas.

> Os toxicodependentes apanhados a fumar ou a ingerir drogas devem ser julgados num tribunal especial e, se condenados, enviados para um campo reformatório no meio do deserto de Mojave com o mínimo de conforto humano.

Haveria um período de amnistia durante o qual todos os

traficantes de droga teriam de entregar os seus stocks de droga a agências governamentais especialmente seleccionadas ou a comissões de cidadãos para incineração imediata. A partir daí, qualquer pessoa apanhada a vender drogas ou a estar na posse de drogas para venda seria executada.

> Todos os estabelecimentos com elevado consumo de drogas, tais como discotecas e discotecas, deveriam ser obrigados a encerrar e os seus proprietários deveriam ser fortemente multados e condenados a penas de prisão se for provado nos tribunais de procuradores especiais que as drogas estavam a ser usadas nas instalações. Os "concertos de rock" devem ser proibidos e os promotores de tais "concertos" devem ser condenados a pesadas multas e penas de prisão.

> Qualquer pessoa que transporte drogas para os Estados Unidos ou através de linhas estatais deve ser julgada por procuradores especiais em tribunais criados para este fim. Se forem condenados, os traficantes devem ser condenados à morte e a sentença deve ser executada sem demora injustificada.

> O Departamento de Agricultura dos EUA vai celebrar tratados com todos os países produtores de plantas medicinais que permitirão às equipas de agentes dos EUA "procurar e destruir" todos os locais onde se encontrem plantas medicinais.

A aplicação de um novo herbicida "mata-sol", composto por um aminoácido presente em todas as plantas, atinge este objectivo de uma forma eficaz e barata. O composto é inofensivo para a vida animal e esmaga o crescimento indesejado ao acumular aminoácido na planta medicada, colapsando o tecido vegetal e desidratando-o no prazo de três horas.

Este novo herbicida é capaz de eliminar todos os arbustos de coca, papoilas e campos de marijuana na fonte, sem danificar as culturas regulares ou envenenar o solo. Segundo o Dr. William Robertson da National Science Foundation, o herbicida é pulverizado tal como a noite cai. Assim que o sol nasce na manhã seguinte, é desencadeada uma reacção em cadeia e as plantas medicinais começam a "sangrar até à morte", perdendo todos os seus fluidos internos. Em poucas horas, as plantas pulverizadas enrugam-se e morrem. O herbicida é fácil de aplicar, barato e ambientalmente seguro. Não reage em culturas alimentares tais como trigo, cevada, aveia, soja, etc.

Com apoio interno e acordos internacionais, os Estados Unidos poderiam eliminar as drogas da face da terra no prazo de três anos e a um custo surpreendentemente baixo. O programa poderia tornar-se operacional através de tratados e concordatas. Qualquer país que se recusasse a aderir ao programa, o que incluiria uma cláusula exigindo o estacionamento de agentes dos EUA no seu território, teria todo o financiamento da ajuda externa dos EUA retirado.

Um boicote comercial mundial (como o de 1933 contra a Alemanha) deveria ser instituído contra os países que se recusam a assinar, e deveria ser exercida pressão internacional sobre eles através de todas as agências da ONU, do tipo que foi impiedosamente aplicado contra a África do Sul e o Iraque. O novo produto, ALA, já está disponível e os EUA devem embarcar num programa de emergência para o produzir em quantidades suficientes para utilização mundial.

Temos de nos mobilizar para a guerra! A implementação deste programa na sua totalidade exigirá um esforço concentrado, mas não maior do que o necessário em 1939-45. Se fomos capazes de fazer o poderoso esforço na Segunda Guerra Mundial, então somos obrigados a fazer o mesmo esforço agora. A segurança da América nunca foi directamente ameaçada pela Alemanha em 1939. A Alemanha não teve qualquer conflito com os Estados Unidos, mas os traficantes de droga, as "famílias nobres", são uma ameaça perigosa directa e muito presente à nossa segurança e bem-estar futuro como grande nação. Os Estados Unidos devem declarar guerra a estes países e as suas bases de produção e os seus sistemas de transporte e distribuição devem ser aniquilados. Temos de mobilizar os nossos enormes recursos de potencial humano e técnico para encontrar e destruir os senhores da droga.

Durante os últimos 34 anos, o povo americano tem assistido impotente à maré de guerra que se virou contra ele. Até agora, o povo americano não se apercebeu de que estamos em guerra porque o inimigo não podia ser tão facilmente identificado como as nossas fábricas de propaganda identificaram a Alemanha em 1939. Estes mesmos "formadores de opinião" de propaganda estão muito relutantes em abordar a questão da droga, o que não é de modo algum surpreendente quando se considera que os "formadores de opinião" fazem parte da mesma rede. É absolutamente necessário fazer os americanos compreender que os lucros obscenos da droga, que arruínam milhões de vidas todos os anos, também financiam o terrorismo internacional.

Estatísticas recentes da DEA mostram um aumento alarmante do número de utilizadores de heroína, cocaína e marijuana na América. Quanto ao aspecto terrorista, basta recordar as actividades da seita "Sendero Luminoso" no Peru para ver como o dinheiro da droga tem financiado os assassinatos.

Este grupo era um dos bandos terroristas mais violentos e ferozes do mundo, um bando de bandidos com a intenção de tomar o Peru para capturar o lucrativo comércio de cocaína, até que o Presidente Fujimori se envolveu pessoalmente. Mas esta acção custar-lhe-ia a presidência e forçá-lo-ia a fugir para o Japão, temendo pela sua vida.

A cocaína é uma ameaça crescente que afecta 20 milhões de americanos. Tornado popular pelo jet set e celebridades de Hollywood, atrai cerca de 5.000 novos utilizadores todos os dias! Frank Monastero da DEA declarou recentemente que as ligações entre o terrorismo e o tráfico de droga são muito fortes, "mas não creio que alguns segmentos da administração vejam as coisas dessa forma". Embora Monastero não tenha especificado a que "segmento" se referia, sei por conversas que tive com alguns funcionários dos EUA que ele estava a falar do Departamento de Estado norte-americano.

O Departamento de Estado tem expressado consistentemente a sua oposição a ligar os métodos de controlo de drogas à suspensão da "ajuda estrangeira" e não concordou em implementar os métodos que descrevi neste livro. É um facto bem conhecido que os funcionários do Departamento de Estado consideram que uma nomeação no domínio do controlo de drogas estrangeiras é a missão menos desejável no Serviço de Estrangeiros.

O Royal Institute for International Affairs (RIIA) e o Council on Foreign Relations (CFR), que controlam a Rand Corporation (a organização que deu a Daniel Ellsberg a notoriedade dos Documentos do Pentágono), agravaram a situação ao produzir um documento não solicitado, que afirma que os esforços para combater o consumo de drogas na educação "são contraditórios, ambíguos e não têm qualquer efeito". Isto é manifestamente falso, mas que mais pode esperar de uma instituição dirigida pelo Instituto Tavistock de Relações Humanas,[1] cujos mestres são as próprias pessoas que lucram com o vil comércio da droga? O Relatório Rand foi como disparar contra as nossas próprias tropas, porque se tivesse disparado contra a multidão da droga, teria disparado contra os seus amigos, não contra os seus inimigos! O resultado líquido do Relatório Rand foi desencorajar os programas de educação anti-droga. No entanto, Rand recebe financiamento substancial do governo dos EUA - um exemplo das contradições nos nossos esforços para minimizar o comércio de drogas.

O Gabinete Geral de Contabilidade (GAO) estima que apenas dez por cento das drogas contrabandeadas para a América são interceptadas pelas forças da lei. Isto deve ser uma chamada de despertar! Como é que uma nação altamente industrializada com uma força de trabalho, dinheiro e recursos técnicos tão grandes só é capaz de interceptar uma percentagem tão pequena de

---

[1] Ver *Instituto Tavistock de Relações Humanas - Moldando o declínio moral, espiritual, cultural, político e económico dos Estados Unidos da América*, Omnia Veritas Ltd, www.omnia-veritas.com.

drogas? Devemos procurar a "mão escondida", o poder que controla o tráfico de droga nos bastidores, a misteriosa "Força X". Para responder correctamente à pergunta, tratarei deste aspecto à medida que formos avançando.

Um documento recente que vi indica que a produção de papoilas opiáceas na China aumentou em 50% desde 2000. Outras estatísticas do documento afirmam que a produção de marijuana e folha de coca aumentou 30 e 40 por cento, e que a produção de ópio a partir de papoilas no Afeganistão aumentou de 4.000 libras para 6.000 libras por ano desde a invasão daquele país pelas tropas dos EUA e da OTAN em 2003. Como é que isto foi conseguido? Através de uma guerra total contra a América liderada pela RIIA, Wilton Park, o Instituto Tavistock, o CFR e a oligarquia governante das famílias negras nobres da Europa. O seu principal instrumento nesta guerra tem sido - e ainda é - "bandas de rock" e "concertos de rock" e a incessante promoção da cacofonia decadente da música atonal destruidora da mente que passa por "música". Esta ferramenta, utilizada pela primeira vez em 1950, é a principal arma do arsenal do inimigo na sua guerra contra a América e continuará a ser utilizada para espalhar a droga até que alguém lhe ponha um fim de uma vez por todas!

Voltando ao comércio da heroína, as principais áreas de cultivo da papoila encontram-se no "Triângulo Dourado" do Sudeste Asiático e no "Crescente Dourado" no Irão, Afeganistão e Paquistão, respectivamente.

Vale a pena recordar que as famílias "aristocráticas" britânicas fizeram fortuna enviando ópio dos campos do Afeganistão e Paquistão para os consumidores na China, onde estabeleceram os contactos necessários ao longo de um século que lhes permitem continuar este comércio de forma segura e rentável hoje em dia.

Quanto ao Médio Oriente, a maior parte do ópio em bruto transita pelo Líbano, Síria e Turquia. Após processamento intermédio, é transportado para a Europa via Frankfurt. A "Máfia de Frankfurt" é responsável pela distribuição do ópio, e o notório Meyer Lansky (um membro proeminente do sindicato do crime, agora falecido) foi o chefe desta operação. Quando Lansky morreu, o posto foi entregue ao General israelita Ariel Sharon, que manteve até à sua morte. Sharon tinha fortes ligações com países "produtores" como a Bolívia e o Peru, ambos grandes produtores da folha de coca a partir da qual a cocaína é produzida. O Líbano foi invadido para ser dividido em feudos e, como revelei num dos meus relatórios, Rifaad Assad, irmão do Presidente sírio Hafez Assad, foi primeiro colocado sob prisão domiciliária e depois banido da Síria por causa dos acordos "privados" que estava a fazer com Sharon. A expulsão de Rifaad Assad da Síria tornou-se uma questão de Estado, mas a verdadeira razão para a sua expulsão - delitos de droga - nunca foi tornada pública.

Relatórios do Senado secreto indicam que o Departamento de Estado norte-americano não seguiu a directiva do Presidente Reagan de que os países produtores de droga sejam repreendidos. Isto não deve ser uma surpresa, dados os antecedentes e o controlo exercido pela Chatham House através do agente britânico George Shultz, o antigo Secretário de Estado nomeado pelo Presidente G.H.W. Bush, um antigo chefe titular do Estabelecimento Liberal Oriental com fortes ligações ao comércio da droga.

Os países produtores de drogas consideram que o problema da droga é americano e que enquanto houver uma procura americana de drogas, os países produtores estão simplesmente a satisfazer essa procura. Esta visão ignora totalmente o facto de que na China não havia originalmente procura de ópio até que este fosse 'criado' pelas mesmas famílias 'nobres' sem escrúpulos que então satisfaziam a 'necessidade' e forneciam o ópio. Alguns senadores acreditam que a forma de parar este comércio é "legalizar" as drogas, começando pela marijuana e a cocaína. É claro que são rápidos a acrescentar que devem ser pequenas quantidades apenas para uso privado.

Isto é como combater um incêndio deitando-lhe gasolina em cima! Estas mesmas pessoas criaram exércitos privados no Peru, Bolívia e Colômbia para proteger os seus enormes investimentos no comércio da droga nesses países. A Senadora Paula Hawkins da Florida confirmou isto, assim como fontes privadas de informação, que obviamente não podem ser nomeadas. Na Bolívia, Colômbia e Peru, estes exércitos privados bem armados travaram batalhas com tropas governamentais e muitas vezes derrotaram-nos!

Como resultado, os bandidos têm agora controlo total nas áreas de "cultivo" e os agentes governamentais têm de obter autorização para entrar nessas áreas! Naturalmente, nunca é dada permissão e os agentes governamentais que entram na "zona de exclusão" fazem-no com o risco de serem assassinados, como muitos o são. A Senadora Hawkins era fortemente favorável ao corte da "ajuda estrangeira" aos países infractores e anunciou a sua intenção de o fazer. A Senadora Hawkins foi presidente da Comissão do Senado para o Abuso de Álcool e Drogas, mas logo perdeu a sua posição quando se tornou demasiado insistente. Hawkins enfrentou uma oposição muito forte por parte do Departamento de Estado, que considera que a "ajuda estrangeira" está estritamente dentro da sua jurisdição e que não deve ser interferida. Desde 1946, quando David Rockefeller instituiu este presente insidioso do dinheiro dos contribuintes norte-americanos e o CFR o escreveu na lei, o Departamento de Estado adoptou uma atitude de mãos-livres em relação ao esquema de ajuda externa. Clyde D. Taylor, ex-Secretário de Estado Adjunto Interino dos Narcóticos, colocou a posição do Departamento de Estado da seguinte forma:

> Precisamos de manter o problema da droga em perspectiva - temos outros interesses diplomáticos nestes países, e se os alienarmos por causa da droga, podemos lamentar quando precisarmos deles alguns anos mais tarde para algo mais. A ideia de revogar a ajuda estrangeira não é tão simples como parece. Não temos tanta influência como possa pensar.

Que confissão!

No entanto, apesar da oposição do Departamento de Estado controlado pelo Reino Unido, foram feitos alguns progressos, pelo menos no papel, durante os últimos cinco anos. Foram negociados acordos de controlo de drogas com o Paquistão, Bolívia, Peru, México e Colômbia, mas em termos muito restritos.

Para o Paquistão, a maior rota mundial de comércio de ópio em bruto, é duvidoso que o acordo tenha qualquer efeito sobre o fluxo de ópio para a América, uma vez que os líderes militares e outras agências de aplicação da lei se opõem a qualquer controlo real. Ali Bhutto, o antigo presidente do Paquistão, foi o único a opor-se activamente ao tráfico de droga sob a protecção dos militares e foi assassinado pelo seu sucessor, o General Zia ul Haq. Bhutto estava totalmente empenhada em erradicar o comércio de drogas no Paquistão, e a sua forte posição contra as drogas levou provavelmente à sua morte. Portanto, não espere que o comércio do ópio no Paquistão abrande. Continua apesar de o Procurador-Geral dos EUA, William French Smith, ter visitado o Paquistão e apelado pessoalmente ao governo para o impedir com a ajuda substancial dos EUA. A resposta do Presidente ul Haq foi avisar William French Smith para deixar o Paquistão, uma vez que ele não era capaz de garantir a sua segurança pessoal. Desde então, nenhum Procurador-Geral dos EUA visitou o Paquistão.

Do outro lado do mundo, o maior produtor de cocaína é a Colômbia, embora com a recente descoberta de novas plantações de coca no Brasil, pareça provável que perca a sua posição para o Brasil.

A cocaína é classificada como "não-adictativa" e vários médicos proeminentes na remuneração dos traficantes de droga declararam que não tem efeitos nocivos duradouros. Mas tudo isso mudou quando um corajoso médico disse ao *New York Times* que os testes à cocaína mostram que, a longo prazo, os utilizadores sofrem graves danos cerebrais. Segundo as estatísticas da DEA que vi, 75% da cocaína e 59% da marijuana que entra na América é proveniente da Colômbia.

A Bolívia produz 10%, tal como o Peru, com o México a produzir 9% de marijuana. A marijuana cultivada localmente representa 11% do mercado, sendo 9% proveniente da Jamaica.

O 'fabrico' de cocaína é um processo relativamente simples. A planta de onde a folha é extraída cresce selvagem, mas hoje em dia também é cultivada em plantações. As folhas são arrancadas do mato por mão-de-obra camponesa local barata, colocadas em lonas e depois carimbadas, após o que a parafina e o carbonato de cálcio são vertidos sobre as folhas parcialmente esmagadas, resultando numa pasta branca. Adiciona-se então ácido sulfúrico e filtra-se a mistura, após o que se adiciona um produto químico letal, acetona, e deixa-se a mistura a secar. Algumas pessoas adicionam vinho branco à mistura, que após algum tempo se transforma num pó cristalino branco puro - cocaína. São necessários cerca de 300 libras de folhas de coca para produzir um quilo de cocaína. O custo da mão-de-obra e da matéria-prima é tão barato que os lucros de até 5000% são comuns na fase de produtor primário.

O comércio de droga na Colômbia era, até há pouco tempo, inteiramente protegido pelos militares, pelo poder judicial e pelos bancos, mas isto acabou quando o Presidente Betancourt tomou posse em 1991. Oficiais militares dissidentes que costumavam fazer grandes lucros com a sua parte no comércio da cocaína e que não estavam preparados para apoiar o programa antidroga da Betancourt foram destituídos da sua patente e posição. Mas desde a partida de Betancourt, as coisas voltaram ao "normal". A maior parte do dinheiro proveniente deste comércio está nos bancos da Florida e nos bancos suíços. A imprensa suíça chegou ao ponto de criticar abertamente o Presidente Betancourt, afirmando que a sua política anti-cocaína seria um duro golpe para a economia colombiana e custaria muito caro ao país em moeda estrangeira. Esta é obviamente uma grande mentira, uma vez que a maior parte da "moeda" nunca regressa à Colômbia, mas acaba nos cofres dos bancos suíços. Não admira que os banqueiros suíços não tenham apreciado a posição anti-cocaína de Betancourt!

Elementos da Igreja Gnóstica têm-se manifestado fortemente contra Betancourt. Na Colômbia, os guerrilheiros do MI9 (conhecidos pela sigla espanhola FARC) negam que a maior parte do seu rendimento provenha de fontes relacionadas com a droga. Betancourt conseguiu que o líder, Dr Carlos Toledo Plata, assinasse um acordo com o governo colombiano, o que levou a uma trégua nos combates, mas Plata foi em breve assassinado pelos traficantes de droga.

Pouco depois deste assassinato, dois bandidos numa mota mataram a tiro o Ministro da Justiça colombiano, Rodrigo Lara Bonilla, na tarde de 30 de Abril de 1984. Os dois homens fugiram para a capital da droga, Santa Marta, onde são protegidos pelos exércitos privados do exército revolucionário das FARC. Ambos os assassinatos foram vistos favoravelmente pelos traficantes de droga, que têm muito a perder se a Colômbia conseguir erradicar o seu comércio de droga. O ex-presidente Lopez Michelson esteve fortemente envolvido no tráfico de cocaína antes de ser expulso. Fugiu do país na sequência de um plano falhado de rapto de um deputado anti-droga e escondeu-se em Paris. O seu primo Jamie Michelson Urbane guarda uma grande soma de dinheiro em Miami.

Michelson meteu-se em grandes problemas por sugerir que o governo colombiano negociasse um acordo com traficantes de droga.

O banqueiro de droga Urbane, antigo presidente do Banco de Colombia, fugiu para Miami no mesmo dia em que dois dos seus directores foram presos pelo Betancourt, ao abrigo do decreto número 2920. A ordem para o exército começar a pulverizar paraquat (um agente químico que desfolha plantas e arbustos) em todos os campos onde as plantas da droga crescem foi um golpe para os barões da droga e para aqueles que mais lucraram com o dinheiro da cocaína, os oligarcas da nobreza negra da Europa.

Ao demonstrar a sua intenção de esmagar o tráfico de droga, Betancourt fez mais do que apenas falar e enfrentou uma séria ameaça de assassinato. Ninguém deve acreditar que os senhores da droga e a "nobreza" da Europa levariam os ataques ao seu comércio de ânimo leve.

Lembro-me bem que quando funcionários norte-americanos abordaram os seus homólogos britânicos numa reunião ultra-secreta em Cambridge, Inglaterra, em 1985, pedindo ajuda na luta contra o tráfico de droga nas Bahamas, foi-lhes recusada qualquer ajuda ou informação. Isto não será uma surpresa para quem conhece as Bahamas, onde todo o governo está envolvido no tráfico de droga gerido por certas lojas maçónicas em Inglaterra, e onde as receitas são lavadas através do Banco Real do Canadá. (Lembre-se que o Canadá é apenas um posto avançado da Família Real Britânica e não um país no mesmo sentido que a América).

Alguns dos principais bancos americanos em países como o Panamá facilitam o fluxo de dinheiro - actualmente estimado em 550 milhões de dólares por ano - servindo como canais convenientes para indivíduos de alto nível na Grã-Bretanha, Canadá e EUA. O General Manuel Noriega, será recordado, teve problemas quando arrancou a tampa de um dos bancos Rockefeller no Panamá envolvidos no branqueamento de dinheiro da droga, acreditando erroneamente que estava a realizar os desejos da DEA dos EUA. Os bancos não são os únicos a proteger e abrigar este comércio lucrativo. O Fundo Monetário Internacional (FMI) desempenha um papel cada vez mais importante neste comércio. Existem amplas provas de que o FMI tem vindo a proteger o comércio da droga desde 1960, mas especialmente em relação às principais instituições britânicas e às famílias "nobres" que as dirigem.

Em Inglaterra, é perfeitamente legal o uso de drogas, mas não o seu comércio. Isto está de acordo com as políticas do FMI, que, no caso da Colômbia, consideram que o país tem o direito de ganhar moeda estrangeira através da exportação de drogas onde houver procura. Esta posição baseia-se no facto de que os rendimentos gerados pelos medicamentos ajudam a reembolsar os empréstimos do FMI, o que é absolutamente falso. O departamento bancário central do FMI trabalha exclusivamente com bancos offshore que recebem grandes depósitos em dinheiro do tráfico de droga.

Após o brutal e flagrante assassinato do Ministro da Justiça da Colômbia, Rodrigo Lara Bonilla, as "ligações" do FMI e do Clube de Roma entraram em pânico e começaram a distanciar-se das "tropas" da M19, uma vez que Betancourt mobilizou com raiva todas as reservas disponíveis, chamando ao assassinato uma "mancha no nome da Colômbia". Falando directamente ao público, Betancourt apelou a todos os cidadãos para a ajudarem na sua luta contra os traficantes, afirmando que "a dignidade nacional é mantida refém por estes traficantes".

A Igreja Católica foi convidada a juntar-se à luta e concordou em apoiar o presidente, ficando de lado apenas a ordem jesuíta. O Presidente Reagan teria feito bem em imitar as tácticas de Betancourt, e creio que teria recebido apoio popular a uma escala sem precedentes. Mas, infelizmente, Reagan não o fez. É gratificante notar que embora os Jesuítas e os Gnósticos tenham unido forças com os guerrilheiros M19 para perturbar as actividades da organização.

Apesar dos esforços anti-droga de Betancourt, fizeram poucos progressos, apesar da poderosa "mão escondida" que apoiou as suas tácticas disruptivas combinadas. Betancourt concedeu à DEA o direito de entrar na Colômbia e de pulverizar paraquat sobre plantas medicinais. Também concedeu vários pedidos de extradição a destacados traficantes de droga colombianos que os EUA há muito procuram apanhar. Mas até agora, os EUA não retribuíram e não devolveram Michelson Urbane à Colômbia.

Durante a sua visita à Colômbia, a Senadora Hawkins elogiou os esforços determinados do presidente colombiano para erradicar os traficantes de droga. Mas as minhas fontes dizem-me que apesar de um abrandamento significativo do fluxo de cocaína para as Américas, evidenciado por um aumento acentuado do seu preço, isto não significa que os senhores da droga não estejam a ripostar. Há provas de que expandiram as suas operações na Argentina e no Brasil para obterem novos locais de plantação de coca.

Alguns funcionários colombianos, que não são inteiramente solidários com o Presidente Betancourt, disseram que não podem entrar nos locais remotos da selva onde os traficantes operam. A questão é: se os traficantes de droga podem entrar, porque é que as forças anti-droga do governo não podem fazer o mesmo? Há uma necessidade urgente de atacar estes locais de plantação, pois há provas de que campos experimentais de papoilas opiáceas (das quais deriva a heroína) estão a crescer nestas áreas remotas "impenetráveis", de acordo com John T. Cassack, da Comissão Seleccionada da Câmara sobre Abuso e Controlo de Estupefacientes.

"Los grandes mafiosos" percorreram um longo caminho desde 1970, quando realmente começaram a mover as vendas de cocaína nos EUA. Em 2006, começaram a utilizar frotas de barcos, aviões, helicópteros e um exército privado fortemente armado. Têm tido o cuidado de actuar como benfeitores públicos, financiando muitos projectos públicos. O público vê-os como "operadores inteligentes" tirando partido de um problema puramente americano, uma insaciável procura americana de cocaína e marijuana. Um dos senhores, Pablo Escobar Gavira, investiu enormes somas de dinheiro na melhoria das favelas, um programa administrado pelos jesuítas que sempre favoreceram a imensamente rica Gavira.

Gavira uma vez gastou 50.000 dólares no casamento da sua filha e foi eleito deputado, obtendo assim imunidade parlamentar contra a prisão. Ele foi procurado pelas autoridades da DEA dos EUA durante anos. Mas depois da Ministra da Justiça Lara ter sido baleada 22 vezes com uma metralhadora Uzi, um grande desgosto varreu o povo colombiano. Viraram-se contra "as grandes máfias" e as coisas começaram a acontecer. Até os jesuítas se distanciaram de Gavira. Com a jurisdição sobre casos de droga transferida para os militares, os muitos juízes que costumavam assistir às festas pródigas dadas pelos traficantes de droga foram destituídos do seu anterior poder. Dario Castrillon também tentou negar as suas ligações com os traficantes de droga, alegando que o dinheiro que recebeu deles foi utilizado para construir igrejas. A corrupção dos juízes já não é aceitável, e os tribunais militares criados para julgar casos de droga não podem ser contactados por corruptores.

Até a poderosa família Ochoa se abrigou, mas até o seu homem, o Presidente Lopez Michelson, estava em apuros. Ochoa chamou-o no Panamá, onde estava a consultar outros grandes traficantes de droga, para o avisar sobre as detenções em massa que estavam a ter lugar no seu país. Além disso, Gavira e os três irmãos Ochoa, que representavam cerca de 100 grandes traficantes de droga, foram pedir ajuda a Michelson, mas ele não respondeu. No entanto, os gangsters não estavam acabados. Num desenvolvimento surpreendente, o Ochoas encontrou-se com o Procurador-Geral da Colômbia Carlos Jimenez Gomez no Panamá. Por alguma razão, Gomez não informou as autoridades dos EUA sobre esta reunião. Se o tivesse feito, os agentes da DEA dos EUA poderiam ter feito numerosas detenções no Panamá! O embaixador dos EUA, Alexander Watson, só foi informado da reunião por Gomez dois meses após o evento. Isto levanta outra questão. Uma vez que se sabe que os agentes anti-droga dos EUA seguem de perto todos os principais traficantes de droga colombianos, como é possível que estes agentes não tenham tido conhecimento do encontro no Panamá? A mão escondida, as famílias poderosas na América e Europa, os banqueiros suíços, o FMI e o Clube de Roma, os maçons P2 e provavelmente o CFR, parecem ter intervindo nesta fase.

O Ochoas apresentou um memorando de 72 páginas ao Procurador-Geral, oferecendo-se para desmantelar toda a operação de cocaína na Colômbia em troca de ser autorizado a regressar à Colômbia sem receio de ser preso. O memorando foi entregue às autoridades americanas, que responderam que não fazem acordos com criminosos. Quanto ao Procurador-Geral Gomez, a sua desculpa pouco convincente para se encontrar com os senhores da droga sem informar previamente o seu governo era que tinha estado no Panamá em outros negócios (que não especificou) e que se tinha encontrado com os Ochoas por acaso. Gomez não explicou porque não telefonou imediatamente ao Presidente Betancourt para o informar do que se estava a passar. A verdade é que Gomez estava a agir sob as ordens da "mão escondida" do cartel de droga colombiano. Na Colômbia, o Procurador-Geral é nomeado pelo Congresso e não tem de responder perante o Presidente. Mas muitos membros do Congresso ficaram profundamente irritados com as acções bizarras de Gomez e pediram a sua demissão, o que ele recusou.

Escobar Gavira começou a operar a partir da Nicarágua sob a protecção de padres jesuítas do governo sandinista. Fotografias tiradas secretamente mostrando Gavira e os seus homens a carregar cocaína num avião naquele país pareciam-me bastante autênticas, mas não eram datadas. Será isto uma indicação de que o então governo nicaraguense dominado pelos jesuítas se tinha juntado à guerra da droga contra a América? No entanto, a maioria dos congressistas e membros do Senado ainda se recusaram a dar ao Presidente Reagan a autoridade de que necessitava para derrubar o governo sandinista.

> ➤ A questão é porque é que os "nossos" representantes se opõem a qualquer esforço para se verem livres do governo jesuíta-comunista na Nicarágua.

> ➤ Mais ainda, porque é que tantos deles votaram a favor de "ajuda externa" e "empréstimos" para a Nicarágua?

> ➤ Porque é que os senadores de Concini e Richard Lugar votaram para dar aos sandinistas comunistas o nosso dinheiro dos impostos?

> ➤ Porquê apoiar pessoas como Manuel de Escoto, que tem a reputação de não só ajudar os traficantes de droga a trazer os seus perigosos carregamentos para a América, mas também de dar a volta ao mundo atacando a América em todas as oportunidades possíveis?

Até que o poder da mão oculta, o Clube de Estabelecimento Oriental Roma-CFR-Trilateral e os seus altos aliados sejam expostos, a América não pode e não vai ganhar esta terrível guerra. Todos os nossos esforços não darão em nada. Até que o governo dos EUA insista que o Panamá acabe com as enormes importações daquilo a que eu chamo produtos químicos da droga, o comércio de cocaína na Colômbia não será erradicado.

O que faz o Panamá com enormes quantidades de parafina, éter e acetona? Estes produtos químicos, como é sabido, não podem ser importados directamente para a Colômbia. Por conseguinte, é evidente que as importações do Panamá estão a ser transbordadas indirecta e ilegalmente para a Colômbia.

Desde que este guião foi escrito em 2003, a Colômbia tem sido forçada a tornar-se cada vez mais um estado de droga total. A guerrilha tornou-se muito mais bem organizada, graças a três factores:

> ➤ A aquisição do Panamá, que resultou num aumento de 65% na entrada de drogas na Zona do Canal do Panamá.

> ➤ Lavagem fácil de dinheiro pelos bancos no Panamá.

> ➤ Aumento do apoio à guerrilha MI9 fornecido por Castro.

Como resultado, armas de melhor qualidade estão agora a chegar ao MI9 em maiores quantidades, e os fornecimentos de dinheiro estão a aumentar, o que está a ajudar a expandir o comércio de droga na Colômbia. Pablo Escobar foi "preso" numa rusga de alto nível à sua casa e recinto de luxo, mas relatórios recentes dos serviços secretos afirmam que após uma curta estadia numa prisão dos EUA, foi levado para fora dos EUA.

Quando estava a pesquisar as minhas centenas de cadernos de apontamentos sobre este assunto vital, deparei-me com algumas estatísticas interessantes que eu tinha notado no meu trabalho de investigação em Londres. Foi o facto de em 1930 o capital britânico investido na América do Sul ter excedido em muito o total dos seus investimentos nos chamados "domínios". A 30 de Novembro, um Sr. Graham, uma autoridade na matéria, disse que o investimento britânico na América do Sul "excedeu um trilião de libras". Isto foi em 1930, e na altura era uma soma espantosa. Qual foi a razão pela qual os britânicos investiram tão fortemente na América do Sul? A resposta é uma palavra: DRUGS.

A plutocracia que controlava os bancos britânicos segurava as cordas da bolsa e, então como agora, colocava uma frente mais respeitável. Nunca ninguém os apanhou com as mãos sujas; tinham sempre homens de palha e lacaios dispostos a arcar com as culpas. Então como agora, as ligações são sempre as mais ténues. Nunca ninguém foi capaz de pôr o dedo nas respeitáveis famílias bancárias "nobres" da Grã-Bretanha, na altura ou agora. Mas há um grande significado no facto de 15 membros do Parlamento terem sido os controladores deste vasto império na América do Sul, incluindo a família Chamberlain e a família de Sir Charles Barry.

Os senhores das finanças e respeitabilidade britânicas, que ainda se vangloriam da opressão na África do Sul, onde os negros têm as melhores condições em toda a África, estavam também muito ocupados em lugares como Trinidad e Jamaica, onde também detinham as rédeas do comércio da droga. Nestes países, os plutocratas das respeitáveis famílias da aristocracia britânica mantiveram os Negros a um nível não muito melhor do que o da escravatura, ao mesmo tempo que pagavam a si próprios dividendos bonitos. Claro que se esconderam atrás de negócios respeitáveis como Trinidad Leaseholds Ltd (uma companhia petrolífera), mas o verdadeiro ganso que põe os ovos de ouro estava e está no comércio de drogas.

Até recentemente, o comércio do ópio na China não era um assunto bem conhecido. Tinha sido tão bem escondido quanto possível. Muitos dos meus alunos vinham ter comigo e perguntavam porque é que os chineses gostavam tanto de ópio. Ficaram perplexos com os relatos contraditórios sobre o que tinha realmente acontecido na China. Alguns pensavam que se tratava simplesmente de um caso de trabalhadores chineses comprando ópio localmente e fumando-o num antro de ópio. Fiz o meu melhor para iluminar estas mentes curiosas.

A verdade é que o comércio do ópio na China era um monopólio britânico sujeito à política oficial britânica. O comércio indo-britânico de ópio na China é um dos segredos mais bem guardados e dos capítulos mais ignominiosos da história do colonialismo europeu. As estatísticas mostram que quase 13% do rendimento da Índia sob domínio britânico provém da venda de ópio a viciados chineses. Os viciados não apareceram do nada; eles foram criados. Por outras palavras, foi primeiro criado um mercado para o ópio entre os chineses, e depois a "procura" foi satisfeita pela oligarquia britânica, os proprietários dos vários bancos em Londres.

Este comércio lucrativo é um dos piores exemplos da exploração da miséria humana e é um testemunho único do negócio sujo conduzido pela City de Londres, que continua a ser o centro do "negócio sujo" no mundo financeiro até aos dias de hoje. É claro que duvida desta afirmação: "Olhe para o *Financial Times*", diz, "está cheio de negócios legítimos". Claro que sim, mas não acha que os aristocratas nobres vão anunciar a verdadeira fonte dos seus rendimentos no *Financial Times*, pois não?

Os britânicos não anunciaram o facto de que o ópio estava a ser enviado dos vales de Benares e Ganges na Índia para a China, onde era parcialmente processado sob um monopólio estatal, uma administração que existia apenas para supervisionar o comércio do ópio. Não esperava ler isso no *London Times* na altura, pois não?

No entanto, este comércio tem sido conduzido desde 1652 pela ilustre Companhia das Índias Orientais, em cuja direcção se encontravam os membros mais importantes da aristocracia britânica. Eram de uma espécie superior ao rebanho comum da humanidade. Eram tão elevados e poderosos que acreditavam que até Deus lhes vinha pedir conselhos quando tinha um problema no céu! Mais tarde, a Coroa Britânica juntou-se a este canalha da East India Company e utilizou-o para produzir ópio em Bengala e noutros locais da Índia e para controlar as exportações através daquilo a que chamou "direitos de trânsito", ou seja, um imposto cobrado a todos os produtores de ópio, devidamente registados junto das autoridades estatais, que enviaram a sua produção para a China. Antes de 1885, quando o ópio ainda era 'ilegal' (esta era simplesmente uma palavra usada para um tributo maior dos cultivadores de ópio - nunca houve qualquer tentativa de parar o comércio), quantidades absolutamente colossais de ópio eram enviadas para a China. Os britânicos tinham-se tornado tão ousados que a meio do mundo tentaram vender esta substância mortal sob a forma de comprimidos à União e aos exércitos confederados. Consegue imaginar o que teria acontecido à América se o plano tivesse sido bem sucedido? Cada soldado que sobrevivesse a esta terrível tragédia teria deixado o campo de batalha completamente viciado em ópio.

Os comerciantes e banqueiros de Bengala foram engordados e satisfeitos com as enormes somas de dinheiro que fluíam para os seus cofres a partir deste comércio de ópio de Bengala adquirido pela British East India Company (BEIC). Portanto, os seus lucros estavam ao mesmo nível dos da empresa farmacêutica número um, Hoffman La Roche, a mesma Hoffman La Roche que fabrica LSD entre outras coisas. Hoffman La Roche invoca a Lei de Espionagem Industrial Suíça contra qualquer pessoa que se atreva a expor a sua ganância voraz, pelo que se deve ter cuidado ao exprimir uma opinião.

Em qualquer caso, Hoffman La Roche fabrica uma droga comummente usada, Valium. Custa-lhes cerca de $3,50 por 2,5 libras. Vendem-no por $20.000 o quilo, e quando o público americano, que usa Valium em quantidades astronómicas, o preço é de $50.000 o quilo! Hoffman La Roche faz muito o mesmo com a vitamina C, sobre a qual tem um monopólio semelhante. A produção custa-lhes cerca de 1 cêntimo por quilo e vendem-no com um lucro de cerca de dez mil por cento.

Quando um bom homem chamado Adams, que trabalhava para eles, revelou esta informação à Comissão Económica Europeia (Comissão de Monopólios da CEE), foi detido e maltratado pela polícia suíça que o manteve em isolamento durante três meses. Foi então expulso do seu trabalho e da Suíça, perdendo a sua pensão e tudo o resto. Como cidadão britânico, continuou a lutar contra Hoffman La Roche. Lembre-se disto da próxima vez que vir estes homens de negócios suíços educados e correctos. Há mais na Suíça do que esqui alpino e ar puro sob o céu azul. O seu sector bancário há muito que é suspeito de prosperar no tráfico de droga, tanto legal como ilegal, e os enormes lucros obtidos pelos principais homens do tráfico de droga, esses cães do inferno. A imagem "limpa" da Suíça começa a ser manchada quando o canto das capas é puxado para trás. Quando era Primeira-Ministra, a Sra. Thatcher visitou os postos aduaneiros britânicos no aeroporto de Heathrow, em Londres. O seu objectivo era dar aos funcionários aduaneiros uma "conversa animada" sobre o combate à ameaça da droga. Que hipocrisia! O principal jornal conservador britânico ridicularizou os esforços da Sra. Thatcher, mas não lhe chamou hipócrita, nem divulgou a verdade sobre quem era o responsável pela ameaça.

"Oh", diz o senhor, "mas os americanos e os britânicos fizeram recentemente algumas apreensões de drogas notáveis". Sim, mas isso é 0,0009% do valor total dos medicamentos disponíveis no mercado. Isto é o que os grandes traficantes de droga e os seus respeitáveis banqueiros chamam "parte do custo de fazer negócios". Qualquer pessoa que tenha assistido ao funeral de um jovem toxicodependente - e há muitos todos os dias - não pode deixar de ficar comovido com as observações do Primeiro-Ministro sobre os problemas de droga que a Grã-Bretanha enfrenta. É provável que ninguém ficasse chocado com a sua dureza em relação aos traficantes de droga. "Estamos atrás de si", disse ela. "Iremos persegui-lo implacavelmente".

Sra. Thatcher:

> "O esforço será cada vez maior até que o vençamos". A punição será de longas penas de prisão. A pena será a confiscação de tudo o que tiver obtido através do contrabando de drogas. Muitos britânicos também rejeitarão apelos vindos do estrangeiro para ajudar os britânicos apanhados a contrabandear drogas, como um jovem britânico condenado à morte na Malásia por tentar contrabandear heroína através do aeroporto de Penang. Não vale a pena chamar-nos. Por toda a Malásia encontrará cartazes afirmando que a pena por tráfico de droga é a morte."

Tudo bem, mas depois deve ser aplicado a todos aqueles que estão no topo da aristocracia inglesa com igual força. Quando um jovem britânico foi executado na Malásia por tráfico de droga, o mesmo deveria acontecer com metade das pessoas do Debretts' Peerage (uma lista da crosta superior das famílias de título inglês). Quem pensava a Sra. Thatcher que seria afectada pela sua nova postura "dura"? Pensou ela que as grandes famílias de Hong Kong, os Keswicks e os Mathesons, se sentiriam intimidados pela sua retórica? As suas palavras podem ter tido o efeito de afugentar alguns alevins pequenos, mas os peixes grandes lisos escaparam da sua rede e os alevins pequenos que foram apanhados foram rapidamente substituídos por outros milhares, ansiosos por tomar o seu lugar.

A ameaça da droga não será combatida ao nível da esquina da rua. No que me diz respeito, e na minha opinião, com base nos meus anos de investigação sobre o assunto, o tráfico de droga, pelo menos na Grã-Bretanha, é gerido por aqueles que estão no topo da hierarquia britânica, que até usam instituições como a Venerável Ordem de São João de Jerusalém.

Já em 1931, os chefes executivos das cinco maiores empresas inglesas foram recompensados ao serem nomeados como pares do reino. Quem escolhe as honras atribuídas aos altos executivos da indústria farmacêutica? Em Inglaterra, é a Rainha Elizabeth Guelph, mais conhecida como a chefe da Casa de Windsor. Os bancos envolvidos neste negócio são demasiado numerosos para serem listados, mas alguns dos principais são o Midland Bank, National e Westminster Bank, Barclays Bank e, claro, o Royal Bank of Canada.

Muitos dos chamados "banqueiros de investimento" na cidade de Londres estão até ao pescoço no tráfico de droga, instituições financeiras veneráveis como a Hambros, por exemplo. Deixem-me ser mais específico e mencionar nomes ilustres como a família de Sir Anthony Eden.

De acordo com os documentos secretos que vi, e de acordo com a minha melhor análise destes documentos, a família Eden ter-se-ia qualificado para a "lista de honra" da Sra. Thatcher. Se se pudesse examinar os arquivos do Escritório da Índia em Londres, como tive a sorte de fazer, creio que se tornaria claro que não há outra conclusão a tirar. Estou profundamente agradecido ao depositário dos documentos do falecido Professor Frederick Wells Williamson pela ajuda e assistência que me deu nos meus estudos sobre estes documentos. Se estes papéis fossem tornados públicos, que tempestade iria rebentar sobre as cabeças das víboras coroadas na Europa! A inundação de heroína ameaça engolir o mundo ocidental. Este vasto empreendimento está a ser dirigido e financiado de ambos os lados do Atlântico - por certos membros do estabelecimento liberal anglo-americano.

O que é a heroína?

É um derivado do ópio, e o ópio, segundo o famoso Galen, é uma droga que mata os sentidos e induz o sono. É também uma das drogas mais viciantes no mercado. A semente de papoila, a partir da qual é feita a pasta de ópio, era há muito conhecida dos Mughals da Índia, que utilizavam sementes de papoila misturadas com folhas de chá e serviam esta bebida aos seus inimigos quando não era apropriado cortar-lhes a cabeça.

Já em 1613, o primeiro ópio chegou a Inglaterra vindo de Bengala através da East India Company, mas estas importações eram apenas em pequenas quantidades. Era impossível conseguir que a burguesia inglesa utilizasse a droga, razão pela qual a British East India Company a importou em primeiro lugar. Com tal fracasso, a oligarquia começou a procurar um mercado que não fosse tão inflexível, e a China foi a sua escolha.

No *Miscellaneous Old Records of the India Office*, encontrei a confirmação de que o comércio do ópio descolou realmente com a introdução do medicamento na China. Isto também é confirmado nos documentos pessoais de Sir George Birdwood, um funcionário da Companhia Britânica das Índias Orientais (BEIC). Grandes quantidades de ópio foram logo enviadas para a China. Onde o BEIC falhou em Inglaterra, teve sucesso para além das suas expectativas mais optimistas entre os coolies da China, cujas vidas miseráveis foram tornadas suportáveis pela droga.

Foi apenas em 1729 que a primeira de muitas leis contra o uso do ópio foi promulgada pelo governo chinês, e a partir daí a oligarquia britânica iniciou uma batalha contra as autoridades chinesas, uma batalha que os chineses perderam. As autoridades dos EUA estão igualmente a travar uma batalha contra os actuais senhores da droga, e tal como os chineses perderam a sua batalha, os EUA estão a perder a batalha em curso.

Quando falo de ópio de Bengala na Índia, estou a falar de ópio feito a partir das vagens da papoila de ópio cultivada na bacia do Ganges. O melhor ópio vem de Bihar e Benares, e há naturalmente muito ópio inferior de outras partes da Índia. Ultimamente, o ópio de excelente qualidade (se a palavra "excelente" pode ser aplicada a um produto tão perigoso) está a sair do Paquistão em quantidades muito grandes. Os lucros deste vasto comércio são conhecidos há muitos anos como os "despojos do império".

Num julgamento notável em 1791, um Warren Hastings foi acusado de ajudar a enriquecer um amigo à custa da East India Company. A redacção actual é interessante, pois confirma a enorme quantia de dinheiro que foi feita.

A acusação era que Hastings tinha concedido "um contrato de fornecimento de ópio por quatro anos a Stephen Sullivan Esq. sem publicidade do contrato, em termos manifestamente óbvios e abusivos, com o objectivo de criar uma fortuna instantânea para o referido Stephen Sullivan Esq. Como a East India Company, semi-oficial e depois oficial, detinha o monopólio, as únicas pessoas autorizadas a fazer "fortunas instantâneas" eram as chamadas famílias "nobres", "aristocráticas" e oligárquicas de Inglaterra. Forasteiros como o Sr. Sullivan, depressa se viram em apuros se tivessem a audácia de tentar ajudá-los a entrar no jogo de negócios multi-biliões de libras!

Em 1986 vi uma publicação da fonte mais duvidosa (ou seja, que era obviamente um produto do terceiro departamento do KGB), que pretendia mostrar que o tráfico de droga estava ligado aos míticos "nazis". A organização que imprimiu a coisa ainda anda atrás dos nazis. Se um camelo no Zoo de Nova Iorque apanhasse uma constipação, a culpa seria dos míticos "nazis".

Cinco anos de investigação, incluindo várias conversas pessoais com o homem que era alegadamente o líder e génio organizador por detrás das míticas contas bancárias nazis nos bancos suíços, convenceram-me de que os autores dos documentos impressos estavam simplesmente a fornecer desinformação barata. Os chamados "nazis" não tiveram absolutamente nada a ver com o tráfico de droga, ao contrário dos britânicos e americanos - um facto bem conhecido da DEA americana.

Como já assinalei muitas vezes, e ainda há cépticos, o Honorável BEIC, com a sua longa lista de directores que eram membros honrados do Parlamento e pertenciam apenas aos melhores clubes de cavalheiros de Londres, tratou do lucrativo comércio do ópio e não tolerou qualquer interferência do Governo Britânico ou de qualquer outra pessoa para esse efeito. O comércio entre a Grã-Bretanha e a China era o monopólio do BEIC. A empresa tinha um pequeno truque: a maioria dos seus membros, na Índia e no país, eram também magistrados. Até os passaportes emitidos pela empresa foram necessários para aterrar na China.

Quando vários investigadores chegaram à China para investigar alegações de comércio de ópio em Inglaterra, os seus passaportes britânicos foram rapidamente revogados pelos "magistrados" da East India Company. O atrito com o governo chinês era comum. Oficialmente, a China tinha aprovado uma lei (o édito Yung Cheng de 1729) que proibia a importação de ópio. No entanto, a British East India Company assegurou que o ópio ainda estava listado no livro pautal chinês até 1753, com um direito de três taels por ração de ópio. Nessa altura, os serviços secretos especiais do monarca britânico (os "007s" da época) asseguraram que as pessoas problemáticas fossem compradas ou, se não pudessem ser compradas porque tinham muito dinheiro, simplesmente eliminadas.

O capitalismo colonial britânico tem sido sempre a principal permanência dos sistemas feudais dos oligarcas britânicos, e assim permanece até aos dias de hoje. Quando os pobres, incultos e militarmente mal equipados agricultores-guerrilheiros sul-africanos caíram nas mãos manchadas de droga da aristocracia britânica em 1899, não faziam ideia de que a guerra cruel e implacável travada contra eles só foi possível graças às incríveis somas de dinheiro provenientes das "fortunas instantâneas" do comércio de droga britânica na China, que fluíram para os bolsos dos plutocratas que organizaram a guerra. Os verdadeiros instigadores da guerra foram Barney Barnato e Alfred Belt, ambos da Alemanha, e Cecil John Rhodes, um agente do banco Rothschild, um banco inundado por um mar de dinheiro gerado pelo comércio da droga. Não satisfeitos, queriam a riqueza em ouro e diamantes que se encontravam sob o solo árido do castrado sul-africano. Estes três homens roubaram aos Boers, os legítimos donos do ouro e dos diamantes, uma fortuna colossal, com a ajuda, incentivo e protecção do Parlamento Britânico.

Os Joel e os Oppenheimer, que eram as principais famílias envolvidas na extracção de ouro e diamantes, são, na minha opinião, os maiores ladrões que alguma vez desfiguraram esta Terra, e não peço desculpa por passar um julgamento tão duro.

A África do Sul média, que deveria ter beneficiado dos milhares de milhões e milhares de milhões de dólares de ouro e diamantes extraídos do subsolo da África do Sul, não recebeu praticamente nada desta vasta fortuna. Em suma, os sul-africanos foram privados do seu direito de nascimento, porque ao contrário do verdadeiro capitalismo, o sistema capitalista babilónico na África do Sul não permite a partilha da riqueza; não se filtra até àqueles que a ganharam.

É o crime do século, financeiramente falando, e tudo foi possível graças à vasta fortuna do comércio do ópio, que permitiu à rainha Vitória financiar uma grande guerra de opressão contra os bôeres. É praticamente impossível para um estranho penetrar nos segredos da oligarquia britânica e das famílias interdependentes dentro dela. Estimo que 95% da população britânica tem de se contentar com menos de 20% da riqueza nacional do país, e isto é o que eles chamam de "democracia". Não admira então que os Pais Fundadores da República Americana odiassem e desprezassem a "democracia".

A camuflagem que os oligarcas pintaram sobre si próprios como uma coloração protectora é muito difícil de penetrar. No entanto, afecta a vida de todos os americanos, uma vez que o que a Grã-Bretanha dita, a América realiza.

A história está cheia de tais exemplos. Basta olhar para a propaganda britânica que arrastou a América para a Primeira

Guerra Mundial através da grande mentira do afundamento do Lusitânia para ver como é verdadeira a minha declaração. Não estamos aqui a falar de "cavalheiros britânicos simpáticos", mas de uma elite implacável que está determinada a proteger o seu modo de vida e que está inextricavelmente ligada ao comércio da droga.

A maioria dos líderes políticos britânicos de alguma proeminência são todos descendentes das chamadas famílias tituladas, com o título a passar a morte do filho mais velho para o filho mais velho. Este sistema tem servido para disfarçar um elemento particularmente estranho que se infiltrou na alta aristocracia. Tomemos o exemplo do homem que ditou a condução da Segunda Guerra Mundial, Lord Halifax, o embaixador britânico em Washington. O seu filho, Charles Wood, casou com uma Miss Primrose, que é parente da ignóbil Casa de Rothschild. Por detrás de nomes como Lord Swaythling estava o nome de Montague, associado à Rainha Elizabeth, accionista maioritário da Shell Oil Company. Claro que nada se diz sobre a imensa fortuna que ela faz com o comércio da droga, um comércio que, como tenho demonstrado, remonta ao século 18 .

Um dos principais intervenientes no comércio do ópio chinês foi Lord Palmerston, que obstinadamente se agarrou à crença de que o comércio poderia continuar indefinidamente.

Numa carta de um dos seus homens no local, um Sr. Elliott, declarou que uma quantidade suficiente de ópio dada ao governo chinês criaria um monopólio. Depois disso, os britânicos restringiriam as entregas, forçando o "coolie" chinês a pagar mais pelas suas doses. Então, quando o governo chinês estava de joelhos, os britânicos voltavam a oferecer-se para os abastecer a um preço mais elevado, mantendo assim o seu monopólio através do governo chinês. Mas o plano não foi bem sucedido durante muito tempo. Quando o governo chinês respondeu destruindo grandes carregamentos de ópio armazenados num armazém, e os comerciantes britânicos foram obrigados a assinar um acordo individual para não importarem mais ópio para a cidade de

Guangzhou, retaliaram contratando várias empresas de fachada para importar em seu nome e não demorou muito até que muitos navios nas estradas para Macau contivessem cargas completas de ópio.

disse o Comissário chinês Lin:

> "Há uma grande quantidade de ópio a bordo dos navios ingleses agora nas estradas para este lugar (Macau) que nunca será enviado de volta para o país de onde veio. Deve ser vendido aqui na costa, e não me surpreenderei ao saber que é contrabandeado sob as cores americanas."

Mas passemos à história mais recente deste comércio infame, que se expandiu para incluir grandes quantidades de cocaína, e drogas produzidas legalmente com enormes lucros, tais como o Valium, e outras chamadas "drogas de prescrição". As famílias oligárquicas britânicas mudaram a sua sede de Guangzhou para Hong Kong, mas permaneceram no mesmo negócio. Ainda lá estão hoje em 2009, como mostra uma lista de nomes proeminentes na colónia.

Como já disse em livros anteriores, uma indústria secundária resultante do comércio do ópio fez de Hong Kong o mais importante centro de comércio de ouro do mundo. O ouro é usado para pagar aos camponeses que produzem o ópio bruto; afinal, o que faria um camponês chinês com uma nota de 100 dólares americanos? O ópio representa 64% do produto nacional bruto da China, o que lhe dá uma ideia da escala deste comércio "extra-patrimonial". Não oficialmente, estima-se que seja igual ao produto nacional bruto (PNB) combinado de cinco das mais pequenas nações da Europa, nomeadamente Bélgica, Países Baixos, República Checa, Grécia e Roménia.

O Triângulo Dourado é talvez o principal fornecedor de ópio em bruto fora do Afeganistão, embora a sua posição seja contestada pelo Paquistão, Índia, Líbano e Irão. Qual é o papel dos bancos neste comércio lucrativo? Esta é uma história muito longa e complicada, que terá de esperar por outro livro. Uma forma é o método indirecto, em que os bancos financiam as empresas de fachada que importam os produtos químicos necessários para transformar o ópio bruto em heroína.

O Banco de Hong Kong e Xangai, que tem uma grande sucursal em Londres, está no centro da questão. Uma empresa chamada Tejapaibul faz negócios bancários com o Hong Kong e Shanghai Bank, afectuosamente conhecido como "Hongshang Bank". O que é que esta empresa faz? Importa enormes quantidades de anidrido acético, o químico chave no processo de refinação. Esta empresa é o principal fornecedor de anidrido acético para o Triângulo Dourado. O financiamento deste comércio é tratado por uma filial do Hong Shang Bank, o Banco Metropolitano de Banguecoque. Assim, as actividades secundárias relacionadas com o comércio do ópio no Triângulo Dourado, embora não tão importantes como o próprio comércio do ópio, proporcionam, no entanto, um rendimento muito substancial a estes bancos.

Tenho sido criticado por ligar o preço do ouro aos altos e baixos do comércio do ópio. Vejamos o que aconteceu em 1977, um ano crítico para o ouro. O Banco da China chocou os amantes do ouro e os astuciosos meteorologistas encontrados em grande número na América, libertando de repente e sem aviso prévio 80 toneladas de ouro no mercado.

Os peritos não sabiam que a China tinha comprado e armazenado ouro durante muito tempo. Isto fez baixar o preço do ouro. Tudo o que os peritos podiam dizer era que não sabiam que a República Popular da China tinha tanto ouro! De onde veio o ouro? Veio do comércio do ópio, onde foi usado como "moeda" em Hong Kong, mas os nossos génios da previsão do preço do ouro não podiam saber disso!

Os britânicos não são os únicos que operam no Triângulo Dourado. Os principais compradores (ou os seus representantes) viajam regularmente para Hong Kong de todo o Ocidente para fazer compras. A heroína é expedida a granel do porto de Hong Kong, destinada a fazer o seu caminho para o Ocidente e a ser distribuída em concertos auto-proclamados "rock". A Red China está feliz por cooperar com ambas as partes num empreendimento tão lucrativo. A propósito, a política da China em relação à Grã-Bretanha, no que diz respeito ao comércio de drogas, quase não mudou em relação ao que era no século 19 . A economia da China, ligada à economia de Hong Kong, teria sofrido um enorme golpe se não tivesse sido feito um acordo.

Uma das provas disso é o empréstimo aceite pela China do Standard and Chartered Bank. Desde então, a família Matheson investiu 300 milhões de dólares num novo projecto imobiliário desenvolvido conjuntamente pela República Popular da China e pela Matheson Banks. Onde quer que se olhe no centro moderno de Hong Kong, vêem-se novos edifícios altos, uma prova dos estreitos laços entre os grandes bancos, o comércio do ópio e a China Vermelha.

Gostaria de citar o que o embaixador venezuelano disse nas Nações Unidas há algum tempo, e penso que se trata de uma declaração muito bem pensada:

> "O problema da droga já deixou de ser tratado como um mero problema de saúde pública ou um problema social. É um problema grave e de grande alcance que afecta a nossa soberania nacional; um problema de segurança nacional, uma vez que afecta a independência da nação."

As drogas, em todas as suas manifestações de produção, comercialização e consumo, desnacionalizam e desnaturalizam o mundo inteiro, prejudicando a nossa vida ética, religiosa e política, os nossos valores históricos, económicos e republicanos. É exactamente assim que o FMI e o Banco de Pagamentos Internacionais (BPI) operam. Digo sem hesitação que estes bancos não são mais do que câmaras de compensação para o comércio de drogas.

O BIS ajuda qualquer país que o FMI queira afundar, criando instalações que permitam o fluxo fácil do capital fugitivo. O BIS também não consegue distinguir entre "capital de fuga" e dinheiro da droga lavado. Mesmo que conseguisse perceber a diferença, o BIS nunca o diz, como o seu relatório anual de 2005 deixa claro. Voltando à declaração do embaixador venezuelano, vemos que o BIS está a desnacionalizar seriamente muitos países, interferindo na sua vida social, religiosa, económica e política, através das suas exigências através do FMI. E se um país (incluindo os EUA) se recusar a dobrar o joelho, o BIS está efectivamente a dizer: "Tudo bem, então chantageá-lo-emos com dólares narcóticos que temos para si em quantidades muito grandes". É fácil compreender agora porque é que o ouro foi desmonetizado e substituído por "dólares" em papel como a moeda de reserva mundial. Não é tão fácil chantagear uma nação que detém reservas de ouro como é chantagear uma nação que detém "dólares" de papel sem valor.

A mini-cimeira da Conferência Monetária Internacional em Hong Kong, que contou com a presença de um informador que é uma fonte minha, abordou precisamente esta questão, e pelo que me foi dito, o FMI tem a certeza de que pode fazer exactamente isso - chantagear nações com "dólares dopados", que não querem seguir os seus termos.

Rainer E. Gut of Credit Suisse disse que previa uma situação em que o crédito nacional e as finanças nacionais seriam em breve colocados sob uma única organização. Embora não o tenha especificado, é evidente que Gut falava do BIS como parte de um único governo mundial. Não quero que ninguém tenha quaisquer dúvidas sobre isto.

Da Colômbia a Miami, de Palermo a Nova Iorque, do Triângulo Dourado a Hong Kong, a droga é um grande negócio. Não é um comércio de traficantes de droga da esquina. Sabe tão bem como eu que é preciso muito dinheiro e perícia para organizar com sucesso o maior comércio do mundo.

Estes talentos não se encontram nos metropolitanos e nas esquinas das ruas de Nova Iorque, embora os vendedores e ambulantes sejam uma parte integrante e importante do sistema, mesmo que sejam apenas pequenos vendedores de tempo, facilmente substituíveis. Se alguns são presos, ou mortos, o que é que isso importa? Há muitas substituições. Não, esta não é uma organização pequena, mas sim um vasto império, este negócio de drogas sujas. E, por necessidade, é gerido de cima para baixo, pelos mais velhos em todos os países em que toca.

Se não fosse assim, tal como o terrorismo internacional, teria sido eliminado há muito tempo - o facto de não só ainda estar a funcionar, mas também a crescer, deveria indicar a qualquer homem razoável que esta actividade tem os seus alicerces ao mais alto nível.

Os principais países envolvidos neste comércio, os maiores do mundo, são a URSS, Bulgária, Turquia, Líbano, EUA e França, Sicília, Sudoeste Asiático, Índia, Paquistão, Afeganistão e América Latina, mas não por ordem de importância. Do ponto de vista do consumidor, os EUA, a Europa e, mais recentemente, o Reino Unido, são os principais mercados.

Como mencionei, nenhuma droga é vendida na URSS, nos países da Cortina de Ferro ou na Malásia. Muitos países produtores, como a Turquia, têm penas muito severas para os consumidores de drogas e pequenos traficantes. Alguns países aplicam mesmo a pena de morte - apenas para peixes pequenos, para mostrar ao mundo como são "antidroga".

O império da droga está dividido em dois "produtos", nomeadamente a heroína tradicional e a chegada relativamente recente da cocaína. Existe uma terceira categoria de medicamentos fabricados por empresas "legais", tais como o famoso Hoffman La Roche, que produzem substâncias mortais como o LSD, Quaaludes e anfetaminas; os "estimulantes e depressivos" do que as pessoas de rua chamam "céu popper". Será este império um negócio solto? A resposta parece ser um "sim" qualificado. Há excepções. Kintex, a famosa empresa farmacêutica búlgara, é sem dúvida uma empresa estatal búlgara. A maioria dos bancos que lidam com dinheiro sujo (e eles sabem que é dinheiro sujo) são bancos multinacionais bem conhecidos que trabalham através de uma rede de filiais.

A Kintex, por exemplo, tem os seus próprios armazéns, frotas de camiões, incluindo veículos abrangidos pelo Tratado do Mercado Comum Internacional (C.M.T.), e uma rede sofisticada de correios, incluindo pilotos e tripulações de companhias aéreas.

Para aqueles que não estão familiarizados com a UNECE, deixem-me explicar que os veículos TIR são camiões do

Triângulo Rodoviário Internacional, claramente marcados desta forma; é suposto transportarem apenas mercadorias perecíveis. Devem ser inspeccionados no país de partida pelo pessoal alfandegário desse país, e selados com um selo especial.

De acordo com as obrigações dos países membros em matéria de tratados internacionais, estes camiões não devem ser parados nas fronteiras e passar sempre sem inspecção. Trata-se de levar os búlgaros e os turcos à palavra e esperar que os camiões TIR não contenham heroína, cocaína ou ópio em bruto, haxixe ou anfetaminas. O problema é que, em muitos casos, os camiões TIR contêm grandes caches de drogas.

Afinal, é bem sabido que os senhores da droga não respeitam os tratados internacionais e que, em qualquer caso, podem sempre pedir aos seus fantoches pagos noutros países que substituam documentos que ocultam o facto de o camião TIR ter tido origem em Sófia, Bulgária.

A única forma de impedir a entrada destas enormes quantidades de heroína e haxixe do Extremo Oriente é acabar com o sistema TIR. Mas foi exactamente isso que foi criado para fazer! Esqueça os bens perecíveis e a facilitação do comércio. É tudo fumo e espelhos para o mundo. TIR é sinónimo de drogas em demasiados casos. Lembre-se que da próxima vez que ler que uma grande quantidade de heroína foi encontrada numa mala falsa no Aeroporto Kennedy e que uma infeliz "mula" foi presa. Para os meios de comunicação social, isto é estritamente "cerveja pequena".

Outras regiões onde as papoilas são cultivadas são a Turquia, o Paquistão e o Irão. Mas como tem sido o caso há mais de trezentos anos, o "melhor" material vem da Índia-Paquistão e da Tailândia. Nestas regiões remotas de altas montanhas e vales, as tribos das colinas cultivam a planta e recolhem a seiva grossa da vagem depois de a cortarem com uma lâmina de barbear.

A maioria destes recursos está nas mãos de tribos tailandesas selvagens, e na Índia são as tribos Baloch que cultivam e colhem a cultura comercial do ouro. Chamam-lhe o "Triângulo Dourado" porque as tribos insistem em ser pagas em ouro. Para lhes facilitar, o Credit Suisse começou a vender barras de um quilograma de ouro puro (conhecidas no comércio como quatro nonos), uma vez que estas pequenas barras são fáceis de transportar e comercializar. A maior parte deste ouro passa por Hong Kong, que comercializa mais ouro do que Nova Iorque e Zurique combinados no auge da "época da droga", como lhe chamam os negociantes de ouro de Hong Kong. Estima-se que só esta região produz cerca de 175 toneladas de heroína pura num bom ano. A heroína é então canalizada para a máfia siciliana e para o lado francês do negócio, para ser refinada nos laboratórios que infestam a costa francesa desde Marselha até Monte Carlo (incluindo a família Grimaldi - embora eu não esteja a sugerir que haja um laboratório no seu palácio! )

A rota seguida é através do Irão e da Turquia, assim como através do Líbano. O comércio paquistanês é feito através da costa de Maccra. No Irão, o "movimento" é levado a cabo pelos Curdos, como tem sido desde há séculos. Uma das principais zonas de trânsito é naturalmente a Turquia, mas recentemente Beirute tornou-se extremamente importante, daí a guerra que ali se trava, uma vez que cada barão local tenta esculpir um feudo, os bancos suíços e libaneses estão lá para ajudar a gerir o lado financeiro das coisas. Existem agora grandes refinarias na Turquia, o que é um desenvolvimento bastante recente. Do mesmo modo, no Paquistão, novos laboratórios, operando como "laboratórios de defesa militar", estão a refinar ópio bruto, facilitando o seu transporte a jusante.

Poderá ser esta a razão pela qual os EUA apoiam o Paquistão e não a Índia; porque alguns bancos têm grandes investimentos no Paquistão, e não é em caril em pó ou em tapetes! Mas a refinação final, mais elaborada, ainda é feita em laboratórios na Turquia e na costa francesa.

Pare aí e considere o que escrevi. Será possível que, com todas as técnicas, métodos e equipamentos sofisticados à nossa disposição, as autoridades policiais não possam descobrir e destruir estas fábricas de heroína? Se isto for verdade, então os nossos serviços de inteligência ocidentais precisam de tratamento geriátrico, não, devem estar há muito mortos, e nós esquecemo-nos de os enterrar!

Até uma criança poderia dizer às nossas agências de droga o que fazer. Seria muito simples controlar todas as fábricas de anidrido acético, o componente químico essencial necessário para refinar a heroína. É tão simples a ponto de ser risível, e lembra-me o "Inspector Clouseau" da série de desenhos animados e filmes "Pink Panther". Penso que mesmo o pobre velho Clouseau seria capaz de encontrar os laboratórios seguindo a rota e o destino do anidrido acético. Os governos devem aprovar leis que exijam aos fabricantes que mantenham registos especiais de quem o produto é vendido. Mas não se prenda neste ponto; lembre-se que o comércio da droga é sinónimo de grandes negócios controlados pela oligarquia da Europa, Inglaterra e as antigas famílias "nobres" da América. Agora, não fique chateado e diga-me: "Não, não é verdade".

É claro que as famílias nobres da Grã-Bretanha e da América não vão anunciar os seus produtos nas montras das lojas, e num negócio tão sujo é preciso gente suja para o gerir, daí a máfia. Os nobres nunca sujaram as mãos durante o comércio do ópio na China, e tornaram-se muito mais espertos desde então. Se por acaso um deles fosse apreendido, nunca se ouviria falar dele e seria rapidamente libertado.

O comércio de drogas é gerido por uma organização solta? Mais uma vez, um sim qualificado, mas lembre-se que a América e a Inglaterra são dirigidas por 300 famílias e todas elas estão interligadas e interligadas através de corporações, bancos e casamentos, para não mencionar as suas ligações com a nobreza negra. Embora seja uma entidade solta, não tente penetrá-la.

Se fizer perguntas na vizinhança errada, corre o risco de lhe acontecerem coisas muito estranhas - pelo menos se ainda estiver intacto. Em remessas iguais e uniformemente espaçadas, as "mercadorias" descem da Turquia e chegam à Bulgária. Lá são reembalados em camiões TIR e enviados para Trieste na costa do Adriático ou para a costa francesa. Mais uma vez, porque não vigiar cada camião TIR nestas duas áreas e colocá-los sob vigilância 24 horas por dia? Existem também rotas marítimas e aéreas, ambas bem protegidas pelas "autoridades superiores".

Como eu disse, uma mula é apanhada, por vezes até um grande carregamento é apreendido, mas não tanta heroína (porque é mais valiosa); é sobretudo cocaína e marijuana que são consumidas como parte do custo de fazer negócios. Por estranho que pareça, as "dicas" vêm muitas vezes dos próprios traficantes de droga quando se trata de pequenas quantidades.

Na América do Sul, a luta é contra a cocaína. O "fabrico" de cocaína é relativamente simples e barato, sendo o produto de base prontamente disponível a baixo custo. Pode-se fazer grandes fortunas se se estiver preparado para correr o risco, não tanto de envolver a aplicação da lei, mas de cair nas redes dos reis da cocaína.

Os intrusos não são bem-vindos e normalmente acabam por ser vítimas das "rixas familiares" que se desencadeiam constantemente. Os principais países produtores de cocaína são a Colômbia, Bolívia e Peru, com algumas tentativas de introduzir o arbusto da coca no Brasil. Na Colômbia, a máfia da droga é uma família de gangsters unida, bem conhecida das autoridades.

O problema é fazer algo quanto a eles. Desfrutando da protecção das mais altas autoridades em Inglaterra e na América, os barões da cocaína desprezam abertamente os esforços de combatentes sinceros contra a droga como o Presidente Betancourt da Colômbia.

Betancourt fez o máximo que os seus limitados recursos lhe permitiram, mas não foi suficiente. O flagelo dos comerciantes e produtores de cocaína continua a dominar a vida nacional colombiana. Parece não haver maneira de a erradicar. Betancourt travou uma enorme batalha para sobreviver. Os senhores da droga, por seu lado, receberam toda a ajuda que puderam obter do FMI e a questão já não era se Betancourt sobreviveria, mas apenas quanto tempo poderia manter-se no poder. O outro principal fornecedor de cocaína aos EUA é a Bolívia, e durante pouco tempo o Presidente Siles Zuazo tentou travar a maré de cocaína que flui para a América, mas os seus esforços falharam. Mais uma vez, tem tido a oposição do FMI e do Banco de Pagamentos Internacionais (BIS) a cada passo do caminho. Cada um dos seus planos económicos é declarado "inaceitável" pelo FMI. A agitação laboral é fomentada; greves e "manifestações" dificultam a sua administração. Os chefes coroados das víboras da Europa orquestram esta campanha anti-Silas. Silas não tem o apoio do exército boliviano; demasiados oficiais de alta patente tinham sido bem pagos pelos barões da cocaína antes de Silas chegar ao poder. Perderam as "regalias" que vieram com o trabalho. Não gostaram da austeridade imposta pelo FMI. As coisas correram mal a 14 de Julho de 1985, quando Silas foi expulso nas eleições nacionais.

O antigo líder do país de 1971 a 1978, Hugo Banzer Suarez, obteve uma grande vitória. Isto não foi inesperado, pois Suarez recebeu um apoio muito forte dos banqueiros de Wall Street e dos amigos de Henry Kissinger, e é claro que recebeu um voto de confiança da classe de oficiais bolivianos.

Como antigo ditador e amigo dos mafiosos bolivianos, esperava-se que Suárez expandisse o comércio da cocaína. Como "recompensa" pela ajuda que recebeu do FMI, esperava-se que Suárez implementasse as condições brutais impostas à Bolívia pelo FMI, e assim vimos muitos bolivianos morrer de fome e de fome nos meses que se seguiram. Tudo isto está, naturalmente, em conformidade com o relatório Global 2000. Ao mesmo tempo, uma verdadeira inundação de cocaína começou a derramar para os Estados Unidos.

O FMI, agindo em nome da hierarquia do comércio da droga em Inglaterra e nos Estados Unidos, conseguiu mergulhar a Bolívia no caos. De facto, o país era ingovernável durante o período em que as eleições foram realizadas. Foi isto que o embaixador venezuelano quis dizer quando disse que "o comércio da droga mina a soberania nacional, a política e a economia". Não consigo pensar num exemplo mais claro disto do que a Bolívia. Com a vitória de Banzer, a fada madrinha do FMI anunciou subitamente que iria apoiar a Bolívia nas negociações com os credores estrangeiros. As indústrias-chave da Bolívia são a mineração e a agricultura. Ambos os sectores estavam em estado de falência, que foi deliberadamente criada pelo FMI para expulsar Siles e puni-lo pela sua posição contra o comércio da cocaína. O sucesso do FMI é demasiado óbvio. O Peru, outro grande produtor de cocaína, foi também atacado pelo FMI pela posição anti-cocaína do seu novo líder. A 2 de Agosto de 1985, o governo anunciou uma repressão contra os traficantes ilegais de moeda, com mais de duzentas detenções, as taxas de juro foram reduzidas e os salários mínimos aumentaram em cinquenta por cento.

Isto era absolutamente contrário aos requisitos e condições do FMI, que exigia medidas rigorosas de austeridade. O FMI tomou rapidamente medidas.

O movimento de guerrilha, que tinha sido praticamente esmagado, começou subitamente a ganhar nova energia e, sob o seu líder Abinal Guzman, entrou num alvoroço que matou centenas de camponeses. Os bombardeamentos abalaram Lima.

A economia estava paralisada. Repugnada com o caos, a nação apelou a um líder forte. Encontrou-o em Alberto Fujimori, um cidadão peruano de origem japonesa. Fujimori era um homem de grande honra e integridade, que parecia ser a melhor esperança de livrar o Peru do flagelo do comércio da droga. Eleito por um deslizamento de terras, Fujimori enfrentou a assustadora tarefa de combater o FMI e o BIS na frente económica, bem como grupos de pressão bem financiados e bem organizados.

Os EUA e a Grã-Bretanha apoiaram Guzman e o seu exército de guerrilha.

# Capítulo 2

## O papel do Afeganistão no comércio internacional de ópio/heroína

O Afeganistão está de volta às notícias pela simples razão de ser uma das principais fontes de ópio em bruto, como tem sido desde os dias da British East India Company (BEIC), os antepassados do Comité dos 300. Vou também examinar o papel do Paquistão no cultivo da papoila de ópio e explicar por que razão os EUA fecharam os olhos pelo menos três vezes quando o governo eleito do Paquistão foi derrubado e substituído por um regime militar, enquanto o Chile e a Argentina foram sujeitos a "medidas especiais" pelo mesmo "crime".

O Afeganistão é um antigo país muçulmano localizado a norte das montanhas do Hindu Kush. Alguns dos antigos instrumentos encontrados no Vale Haibak foram datados por carbono, mostrando que têm pelo menos mil anos de idade. O que atraiu os ocidentais para o país foi o facto de este ter o clima e o solo ideais para o cultivo de papoilas, que produzem ópio. O país foi governado pela dinastia Barakzai de 1747 a 1929 e era conhecido pelos seus prolongados conflitos entre membros da dinastia e líderes tribais.

Antes do século 18 , o país estava sob o domínio persa, e em parte sob o domínio indiano. A família Barakzai governou o comércio do ópio durante pelo menos 150 anos e, como sabemos, quando as forças armadas americanas derrubaram os Talibãs, colocaram um membro do clã, Hamid Barakzai, no comando do Afeganistão e o país está actualmente sob o seu controlo.

Em 1706, Kandahar declarou a sua independência e em 1709 Mir

Vais, um líder ghilzain e muçulmano sunita, derrotou os exércitos persas enviados contra ele em Kandaha, mantendo o comércio do ópio em mãos britânicas.

Em 1715, Mir Abdullah sucedeu a Mir Vais, mas foi apanhado a tentar fazer as pazes com os persas e foi derrubado em 1717. Seguiu-se um período de intensa rivalidade, seguido de uma invasão afegã da Pérsia.

Em 1763, Zaman Shah, o filho de Timur, chegou ao poder, mas em vez de unidade, foi marcado por rivalidades tribais e batalhas ferozes. O seu pai, um tímido governante, não pôde impedir a Índia de confiscar alguns dos seus territórios, incluindo o Punjab, perdido para os Sikhs nas batalhas de 1793-1799.

Em 1799, os emissários do BEIC começaram a chegar a Kandahar para se encontrarem com o governante, Shah Shuja. Em 1809, antes da morte de Shah Shuja, o BEIC concluiu um acordo com ele para o ajudar a repelir "estrangeiros", especialmente da Pérsia e da Índia. Em 1818, Mahmud Shah assumiu o controlo do país e começou a reforçar as relações com o BEIC, que era então responsável pela "expansão agrícola" sob a forma de vastos campos de papoilas. Sentindo que uma rica recompensa os esperava, os Persas invadiram o país em 1816, mas foram expulsos pelo Path All Kahn, um soldado e confidente do BEIC.

Em 1818, as tribos revoltaram-se contra o cultivo de papoilas e o rendimento da venda de ópio em bruto ao BEIC. Como resultado, o Afeganistão foi dividido em enclaves tribais, Kabul, Kandahar e Ghazni, etc. Foi durante este período de divisão que a Índia roubou Caxemira do Afeganistão, pois queria um pedaço da lucrativa tarte de ópio. Em 1819, após uma série de guerras tribais, Dost Mohammed apreendeu Cabul e tornou-se o governante de Ghazni e Kandahar. Vendo uma oportunidade de lucrar com o comércio do ópio, que florescia sob o regime do BEIC, a Pérsia atacou Herat em 1837 e eclodiu um conflito tribal que durou até Julho de 1838. O comércio do ópio, firmemente em mãos britânicas, foi a causa deste conflito. Ainda à procura de soluções, o governo britânico chegou a um acordo com Ranjit

Singh e Shah Suju, que, sob os auspícios do BEIC, iria restaurar o trono do Shah Shuja, unificando assim as tribos e bloqueando efectivamente a Pérsia. Mas sem que os britânicos soubessem, Dost Mohamed enriqueceu ao envolver-se no comércio do ópio, fazendo negócios fora do BEIC.

Em 1839, as tropas britânicas estacionadas na Índia entraram no Afeganistão na Primeira Guerra do Afeganistão. Depositaram Dost Mohammed e baniram-no para a Índia. Os seus bens foram apreendidos pelo BEIC e as tropas britânicas tomaram o controlo das principais cidades e vilas, mas depressa descobriram que estavam a lidar com uma força elusiva de tribos de qualquer das alianças.

Durante todo este período, nada se opunha ao cultivo da papoila e grandes quantidades de ópio em bruto eram enviadas para fora do Afeganistão, geralmente através do que viria a ser o Paquistão. Durante este período, porque a empresa soube controlar as tribos locais e assegurar a protecção dos seus investimentos lucrativos, obteve enormes lucros. Foram levantadas questões na Câmara dos Comuns em Londres sobre a razão pela qual as tropas britânicas foram destacadas para um país desolado como o Afeganistão, quando não havia nenhuma razão significativa para a sua presença. Mal os pobres deputados sabiam da enorme fortuna que o BEIC estava a fazer todos os anos. Enquanto os britânicos anunciavam a sua luta contra os "senhores da guerra" chineses (na realidade, os agentes aduaneiros do governo chinês), mantinham as suas guerras no Afeganistão em segredo.

Quando a guerra foi iniciada contra os britânicos pelas tribos de Dost Mohammed, os jornais britânicos passaram-na como uma "escaramuça tribal", se é que alguma vez foi mencionada. Uma força britânica a caminho de Kandahar foi atacada pelas forças de Dost Mohammed, que foram repelidas, o seu líder feito prisioneiro e exilado na Índia.

Em 1842, Sir Alexander Burns colocou Shah Shuja de volta ao trono. Londres pensou que esta acção iria apaziguar as tribos, mas em vez disso levou a grande agitação, culminando no assassinato de Sir Alexander e de um enviado britânico chamado

Sir William McNaughton. Este foi o sinal para uma revolta geral contra o domínio britânico, e Lord Auckland enviou uma força britânica de 16.000 soldados ingleses e Sepoy para ocupar Cabul. Mas a revolta foi tão forte que as forças britânicas tiveram de se retirar de Cabul para Kandahar. Mas no caminho de regresso, as forças britânicas foram emboscadas por 3.000 tribos que lhes infligiram muitas baixas. Shah Shuja, que os homens das tribos consideravam um fantoche dos britânicos, também foi morto.

Os afegãos assumiram então o controlo dos campos de papoilas opiáceas e vários senhores da guerra começaram a afirmar o controlo das rotas do ópio para fora do país. Pior ainda, começaram a exigir tributo às caravanas BEIC que viajavam pela Índia.

Caravanas de animais carregados de ópio em bruto eram atacadas quando o tributo não era pago, e o ópio roubado, e muitos foram mortos pelos senhores da guerra. Foi durante estes episódios que Rudyard Kipling escreveu os seus contos de bravura sobre as forças britânicas que guardavam a rota do Khyber Pass. O cidadão britânico comum estava entusiasmado com estas histórias de bravura. Não faziam ideia de que os soldados britânicos estavam a ser sacrificados em nome de uma empresa privada multi-bilionária, que nada tinha a ver com "Deus, Rainha e País".

Durante este período, os senhores da guerra estavam vagamente filiados sob a liderança de Akbar Kahn, filho de Dost Mohammed.

Em 1842, uma força do exército britânico sob o comando de Sir George Pollock chegou da Índia e reconquistou Cabul. Centenas de tribos suspeitas de envolvimento no ataque que tanto custou ao exército britânico são sumariamente executadas. Dorst Mohammed é colocado de novo no trono por Sir George. Ele começou imediatamente a derrotar as facções tribais do ópio e castigou aqueles que tinham tomado os campos de papoilas do BEIC.

Devido ao seu trabalho "nobre", a 30 de Março de 1855, o

governo britânico assinou o Tratado de Peshawar com Maomé, permitindo-lhe controlar Kandahar e Cabul, mas não os importantes campos de papoilas de ópio em Herat, que os persas tinham apreendido ao BEIC. Apesar disso, o comércio de ópio bruto produzido pelo BEIC no Afeganistão começou a rivalizar com o do Vale do Ganges e Benares.

A Grã-Bretanha declarou então guerra à Pérsia. Foi dito ao público britânico inocente que a guerra se devia ao facto de a Pérsia estar a tentar apoderar-se do território colonial britânico. Em 1857, os Persas foram derrotados e optaram pela paz através de um tratado assinado em Paris, no qual reconheceram a "independência" do Afeganistão e renunciaram a todas as reivindicações para o território. O fantoche britânico Dost Mohammed foi enviado para assumir o controlo de Herat, mas as rivalidades tribais mantiveram a área em tumulto durante os cinco anos seguintes, tendo Dost apenas conseguido colocá-la sob jurisdição britânica em 1863. Se os britânicos aprenderam alguma coisa sobre o Afeganistão, foi isto: Nunca finja controlar uma área até que todas as facções estejam de acordo umas com as outras, o que pode levar uma eternidade. Herat é um bom exemplo. Foi necessário um cerco de dez meses para soltar o domínio de uma das tribos da região. Justo quando pensavam ter 'pacificado' tudo, Dost morreu em 1870, e quase imediatamente Herat foi mergulhado numa guerra civil quando o irmão de Dost, um Sher Ali, tentou fazer valer os seus direitos à sucessão. Incapaz de conseguir que as tribos concordassem, Ali pediu ajuda à Rússia, tendo perdido toda a confiança nos britânicos, e em Junho de 1878 uma missão russa liderada pelo General Stolietov chegou a Cabul. O BEIC lançou imediatamente o alarme e mais uma vez as partes entraram em guerra, pois Sher All recusou-se a aceitar a contra-oferta da missão britânica. A guerra durou um ano (1878-1879), durante o qual Sher Ali foi morto. Profundamente alarmados com a possibilidade de os russos porem fim ao seu lucrativo comércio de ópio com o Afeganistão, as forças britânicas invadiram toda a região sob a liderança do seu fantoche Yakub, filho de Sher Ali. As forças britânicas dispersaram e guarneceram então todo o país. Foi nesta altura que foi assinado um tratado ao abrigo do qual os britânicos pagariam uma "taxa de protecção" de 75.000 dólares por ano para assegurar a passagem segura das caravanas de ópio através do Khyber Pass, onde as tropas britânicas estavam estacionadas para ajudar a aplicar o acordo.

Claro que os relatos de Rudyard Kipling nada diziam sobre a razão pela qual os comboios eram guardados pelas tropas de Sua Majestade, e sem dúvida que todo o inferno se teria solto se a verdadeira missão das tropas tivesse sido revelada.

Revelando o que pensavam ser um sucesso completo da sua missão em Cabul, as forças britânicas começaram a afrouxar a sua vigilância, uma vez que não houve mais ataques aos campos de papoilas nem ataques aos comboios que passavam pelo desfiladeiro de Khyber. Mas um despertar rude para Londres espreitava em segundo plano. A 3 de Setembro de 1879, Sir Louis Cavagnari (descendente da antiga nobreza negra de Veneza) foi assassinado com a sua escolta, e o país foi mergulhado noutra guerra. Yakub, acusado de conspirar com tribos rebeldes nas costas dos britânicos, foi deposto a 19 de Outubro de 1879.

Em 1880, quando os britânicos se preparavam para entrar em guerra com as repúblicas bôeres da África do Sul para privar aquele país dos seus vastos recursos de ouro, entrou em cena um novo governante afegão, Abd-Ar-Rahman, sobrinho de Ali Sher Ali. Os britânicos ficaram satisfeitos com este novo homem, que conseguiu manter a paz e impor a sua autoridade às facções tribais sempre em disputa.

Durante este período de relativa estabilidade, uma grande quantidade de ópio bruto de alta qualidade deixou o país e acabou nos armazéns do BEIC. Acredita-se que durante este período (1880-1891) biliões de libras entraram nos cofres do BEIC, o suficiente para pagar dez vezes o custo da guerra Anglo-Boerro, que eclodiu em 1899. Houve também muita interferência da Rússia, que tentou ganhar uma posição no Afeganistão e fornecer um amortecedor para as suas fronteiras. A Rússia não estava interessada no comércio do ópio; a sua única preocupação era obter um tampão territorial. Finalmente, após cinco anos de graves problemas com a Grã-Bretanha, os dois países chegaram a um acordo no qual a Rússia concordou em ficar fora dos assuntos afegãos.

Ao longo da sua história turbulenta, o Afeganistão continuou a produzir algumas das melhores qualidades de ópio bruto, muito procuradas pelos consumidores ocidentais, e a principal rota através da qual esta carga foi transportada foi através do Paquistão. A história do ópio no Afeganistão está, portanto, estreitamente ligada à história do comércio do ópio no Paquistão e às suas rotas de trânsito para a costa e para o Médio Oriente e a Europa Ocidental.

No auge da sua potência, o BEIC recebeu 4.000 toneladas de ópio do Afeganistão todos os anos. O valor estimado desta enorme produção num único ano (1801) foi de 500 milhões de dólares, uma fortuna colossal na altura. A maior parte do ópio passou pelo Khyber Pass para a Índia (a parte agora conhecida como Paquistão), depois para a desolada costa de Maccra, onde foi recolhido por dhows árabes e levado para o Dubai, onde foi pago em ouro. Não é aceite papel-moeda para este comércio. Como resultado deste comércio, existem nada menos que 25 bancos no Dubai a negociar ouro, dos quais o Banco Britânico do Médio Oriente é o mais importante no comércio de ouro para o ópio. Os muçulmanos do Afeganistão, ao contrário da classe trabalhadora chinesa, não consomem ópio e, por isso, não se tornaram viciados nele. Ficaram felizes por cultivar papoilas, extrair a seiva do ópio, transformá-la em ópio em bruto, e depois vendê-la. Desta forma, o Afeganistão escapou à devastação do terrível flagelo do vício do ópio que eventualmente se abateu sobre a China. Então, como agora, o cultivo de papoilas e a recolha da seiva premiada é a ocupação dominante da população masculina do Afeganistão.

Os segredos são cuidadosamente guardados, e enquanto o status quo prevalecer, assim será até ao fim dos tempos! Já vi campos de papoilas crescerem de plântulas a plantas floridas - depois, à medida que a seiva sobe nas vagens, como são cortadas com lâminas de barbear das quais flui a resina tipo borracha e os congeladores. Também vi que não houve nenhuma tentativa de refrear ou reduzir o cultivo da papoila. Tive o cuidado de fornecer detalhes do tipo de regime imposto ao Afeganistão por potências estrangeiras, na esperança de que os leitores compreendam que muito pouco mudou desde então. Os EUA acreditam que a invasão e o bombardeamento trouxeram o país à submissão, mas, infelizmente, estão enganados. O Afeganistão é um país de senhores da guerra e de facções rivais que tentam obter um pedaço do ópio, um quadro de lealdades confusas e de rivalidades intensas. Isto os EUA e os seus aliados nunca poderão derrotar.

Os Talibãs - criados, armados e dirigidos pela Agência Central de Inteligência (CIA) como uma contra-força para impedir a Rússia de tomar o país - são agora o inimigo! Quando os talibãs chegaram ao poder, foram escarnecidos, ridicularizados e desprezados, mas rapidamente se afirmaram e, depois de derrotar os russos, voltaram-se contra os seus benfeitores americanos, ordenando a suspensão do cultivo de papoilas e a exportação de ópio em bruto. Quilómetros e quilómetros de campos de papoilas foram queimados, juntamente com os stocks de ópio. De repente, os senhores da droga da cidade de Londres e Wall Street viram uma enorme perda de rendimentos, e a situação teve de ser radicalmente invertida.

Não posso dizer com certeza como surgiu o ataque ao World Trade Center, mas o que sei é que o povo americano nunca teria aceite uma invasão do Afeganistão pelas forças norte-americanas se não fosse o desastre de 11 de Setembro de 2001, e por isso é mais do que provável que a história venha a revelar que a tragédia de 11 de Setembro foi uma "situação inventada". Para consternação dos bancos do Dubai e dos comerciantes de ópio nos EUA e na Grã-Bretanha, os Talibãs eliminaram os senhores da guerra liderados pelo clã Barakzai que vendia ópio ao Ocidente, a maioria dos quais fugiu para o Paquistão ou para as regiões montanhosas do país. O comércio do ópio foi interrompido. Os Talibãs aprovaram um decreto segundo o qual qualquer pessoa que cultivasse papoilas ou comercializasse ópio seria baleada. Os senhores da guerra do ópio dispersaram-se com os seus lacaios criminosos.

Isto faz soar o alarme em toda Westminster e Nova Iorque. No Dubai, os 90 bancos que serviam o comércio do ópio viram a ruína a olhá-los de frente. Algo tinha de ser feito, e assim foi. Os Estados Unidos entraram em guerra com o Afeganistão, tal como os britânicos, russos e persas que os precederam. Dizem-nos que o objectivo da guerra era "erradicar os Talibãs e os seus terroristas da Al-Qaeda". Um enorme esquadrão de bombardeiros voou 24 horas por dia e os poucos edifícios que restaram em Kandahar após a guerra com a Rússia foram reduzidos a impressionantes montes de escombros. Os falcões de guerra Rumsfeld, Wolfowitz, Cheney e Perle estão a gabar-se. Em casa, os jornais nova-iorquinos tropeçaram que os EUA tinham "ganho" a guerra no Afeganistão. Mal o povo americano sabia que a guerra estava apenas a começar. As tropas norte-americanas teriam de permanecer no Afeganistão durante décadas, mantendo as facções de ópio separadas e assegurando o fluxo suave do ópio através das antigas rotas comerciais. O latão militar paquistanês irá beneficiar grandemente com a cocaína que flui do Afeganistão, como sempre beneficiou. É por isso que Pervez Musharraf foi escolhido como o nosso principal "aliado na guerra contra o terrorismo".

Com a queda dos Talibãs e a retomada do controlo pelo clã Barakzai, o comércio do ópio está a florescer no Afeganistão após a queda dos Talibãs, e não é claro se o novo governo tentará travá-lo ou pelo menos reduzi-lo. Ousamos sugerir que sob o regime imposto pelos EUA, o comércio do ópio não só voltará à sua produção anterior, como aumentará efectivamente a quantidade de ópio bruto produzido. No seu relatório anual sobre o comércio internacional de droga, o Departamento de Estado afirmou que os Taliban, expulsos do poder pelos militares norte-americanos em 2005, tinham praticamente eliminado o cultivo da papoila opiácea nas áreas por eles controladas.

A produção global de ópio caiu drasticamente de cerca de 3656 toneladas em 2000 para cerca de 74 toneladas em 2001, e quase toda a produção teve lugar em áreas do Afeganistão detidas pela Aliança do Norte, aliada de Washington na guerra contra os Talibãs. Esta é uma prova em primeira mão: a nossa "guerra contra a droga" é tão falsa como uma nota falsa da Reserva Federal. Enquanto os Talibãs destruíam as culturas e os stocks de ópio, a CIA assegurou aos nossos "aliados" - os "senhores da guerra", um sortido de bandidos sem escrúpulos e assassinos - que não se preocupassem, em breve estariam de volta ao poder. A Drug Enforcement Agency (DEA) não tentou entrar e esmagar esta faixa de vermes quando teve uma oportunidade notável de o fazer. Em vez disso, os EUA protegeram os bandidos traficantes de droga. O Afeganistão tem sido tradicionalmente um dos principais produtores mundiais de opiáceos, juntamente com a Índia, que recuperou a sua posição de primeiro produtor em 2008 devido à proibição dos Talibãs.

O ópio é a matéria-prima para os opiáceos heroína e morfina, e o Afeganistão tem sido o principal fornecedor destas drogas para a região, bem como para a Europa Ocidental e os Estados Unidos. De acordo com um relatório recente dos EUA, o cultivo generalizado da papoila recomeçou no Afeganistão após o colapso dos Taliban e os traficantes de droga continuam activos no país, apesar da presença maciça de forças dos EUA no terreno. Embora a autoridade interina em Cabul, o fantoche de Cheney, Rumsfeld e Wolfowitz, Hamid Karzai (Barakzai), apoiado pelos EUA, tenha anunciado a sua própria proibição do cultivo do ópio, a proibição não era muito maior do que a capital e não valia o papel em que estava escrito. Se Karzai tivesse tentado fazer cumprir o seu decreto, teria sido encontrado uma manhã com a garganta cortada de orelha a orelha. Os seus concessionários nunca lhe teriam permitido permanecer vivo para interferir com o seu negócio lucrativo.

O relatório afirma:

"A Autoridade não tem capacidade para impor a sua proibição, e deve trabalhar com os centros de poder locais e a comunidade doadora para assegurar que a proibição seja efectivamente aplicada. Não é claro que as exortações e mesmo o apoio financeiro da comunidade internacional sejam suficientes para eliminar rapidamente o cultivo da papoila no Afeganistão... Após as hostilidades, a facção que efectivamente controla uma área varia. Não é claro que as facções respeitarão a proibição do cultivo de papoilas pela Autoridade Interina."

Que disparate total.

E porque não aplicá-lo com um grande número de agentes da DEA apoiados pelos militares americanos? Sabemos que os nossos controladores acreditam que o povo americano é o mais ingénuo do mundo, mas tentar impor tais disparates à população e pensar que se acreditará que isso está para além da explicação. A Aliança do Norte, que domina o governo de Karzai, não parece ter tomado qualquer medida contra as drogas nas partes do país que controla. A ONU tem também relatado repetidamente que os agricultores estão a colher uma segunda colheita de ópio em áreas controladas pela Aliança do Norte, o relatório continua.

Acredita na audácia daquelas pessoas que esperam que acreditemos num disparate tão gritante? "Não aparece"? O facto é que, embora os Taliban estivessem a fazer tudo o que podiam para erradicar o flagelo, Washington não só sabia que os seus "aliados" eram papoilas em crescimento, como também lhes assegurou que ninguém iria interferir no seu comércio, desde que fossem nossos "aliados" na guerra contra os Taliban. Washington procedeu então ao seu armamento e treino para ir à guerra contra todo o Afeganistão, deixando intacto o seu comércio mortífero. Estes são os verdadeiros factos por detrás da guerra no Afeganistão.

Os EUA estão a colocar alguma esperança nos esforços regionais para manter os opiáceos afegãos fora do país através do grupo dos Seis Mais Dois, que inclui os EUA, a Rússia e os seis vizinhos imediatos do Afeganistão. Esta é outra charada. Nada está a ser feito e nada será feito para impedir o comércio de ópio afegão. Se houvesse algum esforço sério nesta direcção, o líder do Paquistão, General Pervez Musharraf, seria expulso. Metade do estabelecimento governante do Paquistão está totalmente dependente das portagens do lucrativo comércio de ópio que passa pelo Paquistão no seu caminho para a Europa e os EUA. Entretanto, o tráfico de droga na província de Helmand continuará, apesar dos melhores esforços da autoridade interina e da comunidade internacional, acrescenta o relatório do

Departamento de Estado.

Não há absolutamente nenhuma prova de que a liderança talibã no Afeganistão tenha alguma vez estado envolvida no comércio do ópio, nem que a droga tenha sido uma importante fonte de financiamento da rede Al-Qaeda de Osama Bin Laden. Procurámos todos os registos conhecidos e não encontrámos tais provas. Rejeitamos as alegações do Departamento de Estado como propaganda, pura e simples. Mas as autoridades disseram que a rede Al Qaeda, sediada no Afeganistão, beneficia indirectamente do envolvimento dos Talibãs no tráfico, e receiam que esteja a desenvolver laços mais estreitos com os traficantes, uma vez que se encontra sob pressão dos Estados Unidos, na sequência dos ataques terroristas de 11 de Setembro. Onde estão as provas? As alegações não são provas, e até à data não foram apresentadas quaisquer provas. Isto é propaganda para lançar dúvidas sobre as crenças religiosas dos Talibãs.

> "Sempre que se tem uma organização terrorista que tem de ter fontes de dinheiro e está geograficamente ao lado de organizações de droga que produzem dinheiro, então existe obviamente o potencial para uma ligação mais forte entre as duas",

disse Asa Hutchinson, uma antiga chefe da DEA perante a Subcomissão de Reforma do Governo da Câmara sobre Justiça Penal, Política de Droga e Recursos Humanos. Bem, agora estamos a dizer que a nomeação de Hutchinson foi política, e que ele sabe pouco ou nada sobre o tráfico de drogas, tendo passado o seu tempo na Câmara dos Representantes antes de perder o seu lugar devido ao seu papel no processo de impeachment Clinton.

Funcionários norte-americanos afirmaram que o tráfico de ópio tem sido uma importante fonte de financiamento para os Talibãs, a milícia islâmica de linha dura que governa grande parte do país. Hutchinson e William Bach, um funcionário do Departamento de Estado contra os narcóticos, disseram que os guardas talibãs por vezes aceitavam ópio em bruto em vez de dinheiro.

Esta declaração patética vem directamente da boca dos rufiões da "Aliança do Norte", que não podem dizer a verdade porque, se o fizessem, perderiam o seu estatuto favorável com Washington. Aqui está outra "pérola":

> "Em antecipação da retaliação militar dos EUA aos ataques terroristas, os Talibãs parecem estar a vender os seus stocks. O preço do ópio na região caiu subitamente de \$746 por quilograma para \$95 imediatamente após os ataques. Desde então, recuperou para 429 dólares."

Poder-se-ia pensar que, tendo-nos dito que os Talibãs precisavam de armas, dificilmente teriam "desistido" dos seus meios mais directos de as obter! Em qualquer caso, não há provas de que os Talibãs tenham alguma vez comercializado ópio. Aqueles que poderiam ter sido tentados teriam sido submetidos a julgamento sumário e execução ao abrigo do seu código religioso. No final da década de 1790, o Afeganistão tornou-se o maior produtor mundial de ópio, a matéria-prima para a heroína. No seu auge, forneceu mais de 70% das receitas do BEIC, uma distinção que o país manteve durante duas guerras mundiais e no final dos anos 90.

Quando chegaram ao poder, os talibãs ordenaram uma paragem no cultivo do ópio, citando princípios religiosos. Os observadores internacionais confirmaram que a produção foi praticamente extinta nas áreas detidas pelos Talibãs, com o pouco ópio que resta a ser cultivado nas terras detidas pela chamada "Aliança do Norte" da oposição, um bando de canalhas, traficantes de droga e assassinos sob a protecção do antigo Secretário da Defesa Donald Rumsfeld.

Isso não explica muitas coisas que precisam de ser explicadas? E esta não é a primeira vez que os EUA estão directamente envolvidos no comércio de drogas. Vimo-lo no Vietname, Líbano, México, Paquistão e agora no Afeganistão. Mas funcionários dos EUA dizem que a proibição teve pouco efeito sobre o tráfico porque os Talibãs não eliminaram os stocks maciços de ópio dos anos anteriores nem prenderam os traficantes. O que é a verdade? O Departamento de Estado e o novo chefe da DEA dizem-nos que os Taliban "eliminaram" as suas enormes reservas de ópio, e ao mesmo tempo devemos acreditar que os Taliban não fizeram tal coisa! Acredite em nós quando dizemos que não teria havido necessidade de "liquidar" as reservas. Os senhores da droga paquistaneses - incluindo os militares - teriam comprado cada quilo de ópio bruto aos Talibãs ao preço total.

Esta história é um monte de lixo. O que aconteceu foi que os principais intervenientes no comércio estavam todos numa área "protegida" pela Aliança do Norte e os Talibãs não puderam entrar porque Donald Rumsfeld os tinha armado com tanques, artilharia e todos os acessórios de um exército moderno, cortesia dos contribuintes. O Presidente do Subcomité Mark Souder, R-Indiana, chamou à proibição dos Talibãs "um erro muito grave.

> "estratagema friamente calculado para controlar o preço de mercado mundial do seu ópio e heroína".

Parece ser um caso de cegos que conduzem cegos! A alma soa pior do que Hutchinson. Porque não dizer a verdade e deixar o povo americano decidir? Porquê mentir e ofuscar? "Os funcionários americanos estimaram que o ópio poderia fornecer aos Talibãs até 50 milhões de dólares por ano", dizem Hutchinson e Bach. A Al-Qaeda beneficia indirectamente porque tem sido protegida pelos Talibãs.

Mas Bach disse que o tráfico de droga "não parece ser o principal recurso da Al-Qaeda", enquanto Souder observou que os funcionários dos EUA têm prestado pouca atenção ao comércio de ópio afegão porque pouco entra nos EUA:

> "Enfrentamos agora uma nova realidade: o comércio afegão de droga, que mal atravessou as nossas fronteiras, causou tantos danos ao nosso país como as drogas de metade do mundo que chegaram às ruas americanas. "

Se o americano médio puder fazer sentido a estas afirmações contraditórias, então ficaremos muito surpreendidos. Mas quer os possamos compreender ou não, isto é, e repetimos, pura conversa dupla. Pedimos-lhe mais uma vez que considere o seguinte:

> ➢ Dizem-nos que os Talibãs 'venderam' a maior parte das suas reservas de ópio.

> Dizem-nos que os Talibãs precisavam de receitas provenientes do ópio.

> Dizem-nos que os Talibãs recebiam 50 milhões de dólares por ano das receitas do ópio.

> Dizem-nos que os Talibãs "deitaram fora" o seu enorme arsenal. 50 milhões de dólares foram "deitados fora"? Porque é que alguém iria querer "deitar fora" 50 milhões de dólares?

> Dizem-nos que até agora a DEA tem demonstrado pouco interesse no principal fornecedor mundial de ópio em bruto. Isto faz sentido? Se a DEA não prestou atenção ao ópio que flui para fora do Afeganistão, então é culpada de negligência do dever.

> Dizem-nos que a razão pela qual a DEA está a falhar no seu dever é que tão pouco ópio está a entrar nos EUA!

Pode acreditar nestas pessoas? Eles devem pensar que o povo americano é o povo mais estúpido do mundo. Após os ataques de 11 de Setembro em Nova Iorque e Washington, o Afeganistão foi o foco da atenção mundial. A "aliança contra o terrorismo" liderada pelos EUA bombardeou o Afeganistão e elementos da Al Qaeda fugiram do país. O cultivo ilícito do ópio no Afeganistão tornou-se parte da guerra de propaganda. O comércio da heroína tem sido repetidamente citado como uma das principais fontes das redes de Osama bin Laden. Mas de alguma forma fomos levados a acreditar que Bin Laden escapou e continua em liberdade no Afeganistão, continuando a dirigir o terrorismo contra o Ocidente. Na nossa opinião, isto deve ser visto com grande cepticismo.

> "As armas que os Taliban estão hoje a comprar são pagas com as vidas dos jovens britânicos que compram as suas drogas nas ruas britânicas. Esta é outra parte do seu regime que temos de procurar destruir,

disse o antigo primeiro-ministro britânico Tony Blair.

A sua declaração é um exemplo da deturpação da situação real relativa à economia do ópio no Afeganistão. Na realidade, é o aliado do Sr. Blair no Afeganistão, a "Aliança do Norte", que está a lucrar cada vez mais com a economia criminosa do ópio. Não há provas de que os Talibãs estejam a traficar ópio.

Quando o antigo primeiro-ministro Blair manteve o exército britânico no Afeganistão, teve muito tempo para erradicar os campos de papoilas, conduzir missões de investigação e destruir os stocks de ópio em bruto. Porque é que o Sr. Blair não ordenou às suas tropas que tomassem estas medidas? Esta foi uma excelente oportunidade para realizar uma varredura coordenada do país e desactivar os produtores de papoilas, prender os traficantes e destruir os seus stocks. Os meios e o dinheiro estavam lá para empreender tal operação, mas não, aparentemente o Sr. Blair sentiu que as suas palavras eram mais poderosas do que as suas acções. A isto chama-se "propaganda". Blair deve saber o que Souder e Hutchinson têm dito. Aparentemente não estão incomodados com a morte de jovens britânicos viciados em heroína, porque não é assunto da América! Acredite neste material com o risco de perder o seu nível de QI.

Quando os Talibãs chegaram ao poder em Cabul em 1996, herdaram simplesmente uma situação que tinha transformado o Afeganistão no maior produtor mundial de ópio desde os finais do século 18 - 19 . Entre 1994 e 1998, a produção de ópio totalizou entre 2.000 e 3.000 toneladas métricas de matéria-prima por ano. A maior parte desta produção foi canalizada através da Índia (e mais tarde do Paquistão), inicialmente sob a supervisão dos melhores soldados do exército britânico, imortalizada nos contos de bravura de Rudyard Kipling. Mais tarde, foram os generais do exército paquistanês que vigiaram as receitas lucrativas deste comércio. Uma vez que o ópio foi trocado por ouro no Dubai, o ópio bruto foi refinado em heroína e morfina na Turquia e em França. Apenas uma pequena fracção do ópio foi processada no Afeganistão. Todos os registos anteriores foram quebrados em 1999 e 2000, quando a produção de ópio no Afeganistão atingiu 4.500 toneladas.

A administração Bush quer fazer-nos acreditar que em 27 de Julho de 2000 "...após muitos anos de pressão internacional, o líder talibã Mullah Omar emitiu uma proibição total da plantação de ópio para a próxima estação". Não é este o caso. Os Talibãs proibiram o cultivo da papoila de ópio e a produção de ópio em bruto assim que tomaram o poder. A pressão global não tem nada a ver com isso.

Se a "pressão global" é a razão pela qual os Taliban proibiram o comércio, porque é que não teve qualquer efeito antes de os Taliban chegarem ao poder? O cultivo diminuiu em território controlado pelos Talibãs, enquanto floresceu em áreas controladas pela "Aliança do Norte". O rápido avanço das forças dos EUA devido à campanha maciça de bombardeamentos dos EUA na sua guerra contra a rede Bin Laden e a tomada de Cabul pelos gangsters da "Aliança do Norte" não pôs fim à economia do ópio. Aconteceu precisamente o contrário; a economia do ópio ressuscitou, embora os EUA e os seus aliados britânicos controlassem agora todas as principais áreas de cultivo da papoila. O Afeganistão tornou-se o foco do Programa Internacional de Controlo da Droga das Nações Unidas (PNUCID) quando se tornou claro que o país se tinha tornado a maior fonte mundial de ópio, vinte anos antes da chegada dos Talibãs. Os projectos do PNUCID para conter o fluxo de ópio ilícito para o Afeganistão não tiveram um impacto mensurável. Na chamada "guerra ao ópio" no Afeganistão, as principais áreas de cultivo estavam sob o controlo da chamada "Aliança do Norte", um nome cunhado por Rumsfeld para esconder a sua verdadeira composição de bandidos e bandidos.

Desde 1994, o inquérito anual à papoila de ópio do programa de monitorização de culturas do UNDCP tem sido a fonte mais fiável de números sobre o cultivo da papoila e o potencial de produção de ópio. A mais recente, publicada em Outubro de 2008, confirmou em pormenor o declínio dramático do cultivo da papoila opiácea, ou seja, após a tomada do poder pelos Talibãs. Antes disso, a "pressão global" não teve impacto nos senhores do ópio que mais tarde seriam alistados na chamada "Aliança do Norte" de Rumsfeld.

Para compreender as complexidades da economia do ópio no Afeganistão, a série de estudos de política do PNUCID é bastante útil, mesmo que não forneça detalhes sobre os controladores nos bastidores. Documenta a expansão dos campos de papoilas no Afeganistão e as razões por detrás disso; o papel do ópio como fonte de crédito e nas estratégias de subsistência dos pequenos agricultores e refugiados de guerra; o papel das mulheres na economia do ópio; e a dinâmica rural por detrás do comércio ilícito, que fez milhares de milhões de libras para o BEIC e ainda faz uma fortuna substancial para aqueles que distribuem ópio, tais como os generais do exército paquistanês. A última edição da Global Illicit Drug Trends (2008) do Programa do Conselho das Nações Unidas sobre Drogas (PNUCID), sob a supervisão de Sandeep Chawla, Chefe da Secção de Pesquisa do PNUCID, inclui uma secção especial sobre o Afeganistão, com uma visão útil mas limitada das tendências da economia do ópio desde os primeiros dias, explicando como o Afeganistão se tornou o maior fornecedor mundial de ópio.

No meu livro, *History of the Committee of 300*,[2] dei um relato detalhado de como este grupo gigante conseguiu ganhar tanto dinheiro com a miséria do comércio do ópio imposta ao povo chinês pelo governo da Grã-Bretanha. O livro fornece um relato detalhado da história do infame comércio de ópio e contrabando de heroína na região, incluindo transacções sancionadas pela CIA e pela agência de inteligência paquistanesa ISI durante a jihad contra a ocupação soviética nos anos 80. Existem numerosos relatórios de "estabelecimento" sobre a economia afegã criminalizada, em grande parte dedicados a explicar duas décadas de tendências de contrabando antes e depois de 1989, que tentam dar a impressão de que o contrabando de ópio é uma coisa relativamente nova.

A maioria menciona o período 1987-1989 como a "data de início" do comércio do ópio e actividades ilegais relacionadas,

---

[2] *A hierarquia dos conspiradores - História do Comité de 300*, Omnia Veritas Ltd, www.omnia-veritas.com.

enquanto documentos encontrados no Museu Britânico e na India House mostram que o comércio ilegal de heroína e morfina começou com a chegada dos britânicos ao Afeganistão. A Índia (mais tarde Paquistão) esteve profundamente envolvida neste comércio criminoso que começou sob domínio britânico em 1868 e continua até aos dias de hoje. O texto seguinte é citado como um exemplo da natureza diluída dos relatórios do estabelecimento:

> O Afeganistão não só se tornou o maior produtor mundial de ópio e um centro de tráfico de armas, como também apoia um comércio multi-bilionário de mercadorias contrabandeadas do Dubai para o Paquistão. Esta economia criminalizada financia tanto os Talibãs como os seus opositores. Tem transformado as relações e enfraquecido os estados e as economias legais em toda a região. Uma paz duradoura exigirá não só o fim dos combates e um acordo político, mas também uma transformação da economia regional através de meios de subsistência alternativos e do empoderamento.

À primeira vista, tudo no relatório é atenuado e não identifica ninguém. Mas os seus objectivos parecem possíveis, embora na realidade, o ópio tenha governado o Afeganistão e o Paquistão (a parte que costumava ser a Índia) desde 1625 e nada irá mudar isso. E eis o fim da história: os EUA e os seus chamados "parceiros da Aliança do Norte" não farão nada para impedir este comércio lucrativo do qual dependem nada menos do que 23 bancos britânicos baseados no Dubai para os seus lucros e a sua própria existência, sendo os lucros canalizados para bancos na City de Londres. Que ingénuo acreditar que estes super-bancos permitirão a qualquer pessoa interferir com a sua máquina de fazer dinheiro.

Os documentos da Companhia Britânica das Índias Orientais detidos na India House em Londres (antes de serem misteriosamente destruídos) forneceram informações únicas sobre o comércio do ópio no Afeganistão e detalharam as rotas de tráfico do Norte, do Afeganistão através do Paquistão até ao Dubai. Este comércio nunca foi considerado um "comércio criminoso" na altura do BEIC. A única "actividade criminosa" registada nestes documentos foi a de bandidos que tentavam sequestrar comboios de mula de ópio através do Khyber Pass, onde foram repelidos pelos melhores do exército britânico. Os números americanos sobre o Afeganistão têm sido imprecisos e altamente politizados ao longo dos últimos vinte anos. Curiosamente, nestas recentes declarações, a DEA utiliza pela primeira vez quase exclusivamente os números do PNUCID, que considerava estarem grosseiramente sobrestimados, pelo menos até há alguns anos atrás.

Perguntamo-nos porquê? É politicamente expediente citar estatísticas como parte do estratagema dos EUA para desacreditar os Talibãs e fundir a "guerra ao terror" com a "guerra à droga". Na realidade, nenhuma delas existe, mas a charada deve ser mantida para fornecer uma desculpa para "leis" draconianas e totalmente inconstitucionais que violam de forma flagrante a Carta de Direitos. É por isso que não conseguimos encontrar Bin Laden. Se o fizéssemos, de repente não haveria Talibã e não haveria razão para continuar a "guerra ao terror". No Afeganistão, com a extinção dos Talibãs, a época das colheitas é um não acontecimento para os produtores de ópio no Afeganistão e Paquistão, uma região que agora rivaliza com o Sudeste Asiático como a maior fonte mundial de heroína, a droga derivada da papoila opiácea.

A administração G.W. Bush decidiu não destruir a cultura do ópio no Afeganistão. Curiosamente, o Presidente Bush, que anteriormente tinha ligado directamente o comércio de droga no Afeganistão ao terrorismo, decidiu subitamente não destruir a cultura do ópio no Afeganistão. Um funcionário dos serviços secretos norte-americanos que regressava do Afeganistão relatou este facto a uma revista noticiosa europeia. A fonte, que pediu para não ser identificada, notou que os campos de papoilas opiáceas estão em plena floração e prontos para a colheita. As forças dos EUA poderiam destruir as culturas utilizando técnicas de pulverização aérea, mas nenhuma acção deste tipo está planeada. Não há lança-chamas destinados aos botões de papoilas maduras, não há sinais de tropas a arrancar as plantas e a queimá-las. De facto, nos campos de papoilas, tudo é pacífico, porque os agricultores sabem que ninguém os vai perturbar. Também não se preocupam com o "terrorismo" em países distantes, mas alguns agentes dos serviços secretos estão profundamente preocupados com a proibição dos EUA de destruir os campos de papoilas opiáceas.

O relatório da ONU sobre o tráfico de droga de Janeiro de 2002 afirmava:

> Se as estimadas 3.000 toneladas de ópio chegarem ao mercado, isso levará a um novo aumento do terrorismo internacional e a uma grande perda de credibilidade internacional para a administração Bush e para a capacidade dos Estados Unidos de travar uma guerra no século 21 . Os inimigos da América em todo o mundo, desde a China à Coreia do Norte e ao Irão, serão encorajados por esta falta de visão estratégica e de vontade política. Os EUA e todos os seus aliados assinaram uma proibição global das vendas de ópio. Em Janeiro de 2002, a ONU publicou um relatório sobre a produção de ópio no Afeganistão, sublinhando que as forças aliadas devem agir rapidamente para destruir a colheita de papoila de ópio de 2002 até ao final da Primavera. As forças norte-americanas e britânicas não tomaram tais medidas.

O significado global da proibição do cultivo e tráfico de papoilas opiáceas no Afeganistão é enorme. O Afeganistão tem sido a principal fonte de ópio ilícito: 70% da produção mundial ilícita de ópio em 2000 e até 90% da heroína nos mercados europeus de droga teve origem no Afeganistão. Existem indicações fiáveis de que o cultivo da papoila opiácea foi retomado desde Outubro de 2001 em algumas áreas (tais como as províncias do sul de Uruzgan, Helmand, Nangarhar e Kandahar), após a implementação efectiva da proibição de cultivo dos Talibãs em 2001, não só devido à quebra da lei e da ordem, mas também porque os agricultores estão desesperados por sobreviver à seca prolongada.

De acordo com fontes de informação, a CIA opõe-se à destruição do cultivo de papoilas de ópio no Afeganistão, uma vez que isso levaria à derrubada do governo paquistanês. De acordo com estas fontes, as agências de inteligência paquistanesas ameaçaram derrubar o Presidente Musharraf se ele ordenar a destruição da colheita. A história do Paquistão sugere que isto não é uma ameaça ociosa. O ex-presidente paquistanês A.H. Bhutto foi enforcado judicialmente por tentar impedir o comércio e o seu sucessor, o General Zia ul Haq, morreu num acidente de avião muito misterioso depois de ter desnatado dinheiro, dinheiro que se destinava a bancos na City de Londres. A ameaça de derrubar Musharraf é motivada em parte por grupos radicais islâmicos ligados à Inter-Services Intelligence (ISI) do Paquistão. Diz-se que os grupos radicais obtêm o seu principal financiamento da produção e comércio de ópio. Os militares paquistaneses estão profundamente envolvidos na monitorização do fluxo de ópio para o seu país - como sempre estiveram - e não tolerariam qualquer perturbação deste comércio. Os serviços de inteligência paquistaneses são totalmente corruptos e pouco fiáveis, para não falar de instáveis e desleais. Eles cederem ao mais alto lance e fazem troça dos princípios religiosos. A CIA está em liga com eles há muitos anos e é pouco provável que mude de rumo. Como Bhutto concluiu amargamente:

> Se de facto [a CIA] se opuser à destruição do comércio do ópio no Afeganistão, apenas servirá para perpetuar a crença de que a CIA é uma agência pouco ética, seguindo a sua própria agenda e não a do nosso governo constitucionalmente eleito. Se não aproveitarmos esta oportunidade para destruir a produção de ópio no Afeganistão, seremos piores do que os Talibãs, que a impediram apesar das afirmações em contrário.

A decisão da CIA de não interromper a produção de ópio no Afeganistão foi aprovada pelo Comité dos 300, o seu chefe de topo. De acordo com fontes dos serviços secretos, os governos britânico e francês deram discretamente a sua aprovação à política dos EUA. A CIA tem uma história de apoio ao comércio internacional de drogas e agiu da mesma forma durante a catastrófica Guerra do Vietname: um forte aumento do comércio de heroína nos EUA a partir dos anos 70 é directamente atribuível à CIA. A famosa entrevista de Chou En Lai ao jornal egípcio *Al Ahram* apoia a afirmação de que a CIA tem sido cúmplice no comércio global de drogas durante anos. É isto que o Comité dos

300 quer: um simples subsídio de 2.000 dólares por ano, não superior a 20 milhões de dólares no total, pago directamente aos agricultores afegãos, poria fim a toda a produção de ópio, de acordo com fontes de informação. A guerra dos EUA no Afeganistão já custou cerca de 40 mil milhões de dólares, e nem um único cêntimo foi gasto na erradicação dos campos de papoilas e na interdição do fluxo de ópio bruto para o Paquistão (números de 2009 do Departamento de Estado dos EUA).

Agora que sabemos que os milhões de dólares desperdiçados em campanhas publicitárias dos EUA que ligavam a venda de drogas ilegais ao terrorismo eram mentiras, e agora que sabemos que a administração Bush protegia a produção de ópio no Afeganistão, começamos a ter uma boa ideia de como a guerra no Afeganistão estava errada, e porque é que os EUA escolheram o Paquistão como "o nosso principal aliado na luta contra o terrorismo". Acabar com a produção de ópio no Afeganistão não custaria um décimo dos milhões de dólares gastos na televisão a anunciar a nossa "guerra ao terror - guerra às drogas", mas a estranha falta de acção no Afeganistão contra o tráfico de droga por parte do "falcão de guerra" Rumsfeld e da administração Bush em geral, mostra quão hipócrita e falsa é a chamada "guerra ao terror". Sempre que vir uma cabeça falante como Bill O'Reilly anunciar um novo sucesso na apreensão de dinheiro terrorista, lembre-se que é uma queda no balde em comparação com os biliões de dólares que fluem para os cofres bancários do Dubai do Comité dos 300, e saiba que não fará a mínima diferença para o fluxo de dinheiro ilegal de ópio afegão para os bancos da cidade de Londres e para os bancos offshore, quanto mais para o fluxo de heroína para a América. A guerra no Afeganistão não está ganha. As nossas tropas nunca regressarão a casa. O comércio do ópio deve ser controlado.

O Gabinete das Nações Unidas contra a Droga e o Crime (UNODC) divulgou o seu inquérito de avaliação rápida do cultivo da papoila opiácea no Afeganistão. O governo federal em Washington DC também publicou o seu relatório anual sobre os motores do cultivo do ópio. Em resposta, o Ministro dos Negócios Estrangeiros do Reino Unido, Kim Howells, afirmou:

O governo do Reino Unido quer reduzir a quantidade de heroína que vem do Afeganistão para as nossas ruas. A escala do comércio da droga no Afeganistão é enorme e a estratégia para a erradicar levará tempo - não há uma solução rápida. O cultivo do ópio no Afeganistão irá flutuar em quantidade, tal como no passado recente.

Um inquérito da ONU de 2008 forneceu uma indicação muito precoce dos possíveis níveis de cultura este ano. Em comparação com os bons resultados do ano passado, que mostraram um declínio na produção, este relatório indica níveis estáveis de cultivo na maioria das 31 províncias do Afeganistão, um aumento do cultivo em 13 províncias e uma diminuição do cultivo em três províncias. Mas como o relatório dos condutores independentes elaborado para o FCO deixa claro, é enganador concentrar-se apenas nos números-chave, uma vez que o quadro geral é mais complexo. Existe uma grande variedade de culturas e factores que influenciam os agricultores em todo o país.

O inquérito nunca avaliou os progressos na implementação da campanha de erradicação, mas apenas indicou que a erradicação será melhor organizada em 2009 e, por conseguinte, deverá ser mais bem sucedida do que em 2008. O actual aumento do cultivo da papoila não significa que não estejam a ser feitos progressos na luta contra o comércio. A erradicação é apenas uma parte da estratégia global afegã e internacional de combate ao cultivo da papoila: grandes apreensões estão a ser feitas, a polícia afegã está a ser treinada, estão a ser criados meios de subsistência alternativos e estão a ser criadas instituições de combate aos narcóticos. Desde a invasão americana do Afeganistão em Outubro de 2001, o comércio do ópio do Crescente Dourado explodiu. Segundo os meios de comunicação social americanos, este contrabando lucrativo é protegido pelos Talibãs, para não mencionar, claro, os senhores da guerra regionais, desafiando a "comunidade internacional". Diz-se que o comércio da heroína "enche os cofres dos talibãs". Nas palavras do Departamento de Estado dos EUA:

> O ópio é uma fonte de literalmente biliões de dólares para grupos extremistas e criminosos... A redução do fornecimento de ópio

é essencial para estabelecer uma democracia segura e estável, bem como para vencer a guerra global contra o terrorismo.

Declaração do Secretário de Estado Adjunto Robert Charles, Audiência do Congresso, 1 Abril de 2004.

De acordo com o Gabinete das Nações Unidas sobre Drogas e Crime (UNODC), a produção de ópio no Afeganistão em 2008 está estimada em 6.000 toneladas, com uma área cultivada de cerca de 80.000 hectares. O Departamento de Estado sugere que até 120.000 hectares estavam sob cultivo em 2008. Poderíamos estar a caminho de um aumento significativo. Alguns observadores apontam para um aumento de 50-100% na colheita de 2008 em relação aos números já preocupantes do ano passado. Em resposta ao aumento da produção de ópio após a queda dos Talibãs, a administração Bush intensificou as suas actividades de combate ao terrorismo, ao mesmo tempo que atribuía grandes somas de dinheiro público à iniciativa da Administração Anti-Droga na Ásia Ocidental, apelidada de "Operação Contenção". Os vários relatórios e declarações oficiais estão, evidentemente, misturados com a habitual autocrítica 'equilibrada' de que 'a comunidade internacional não está a fazer o suficiente' e que o que precisamos é de 'transparência'. Observações em nome do Director Executivo do UNODC à Assembleia Geral da ONU, Outubro de 2001:

> As manchetes dizem: "Drogas, senhores da guerra e insegurança ensombram o caminho do Afeganistão para a democracia".

O coro dos meios de comunicação dos EUA culpa o extinto "regime islâmico de linha dura", sem sequer reconhecer que os Talibãs - em colaboração com a ONU - tinham imposto com sucesso uma proibição do cultivo da papoila em 2000. A produção de ópio caiu mais de 90% em 2001.

Na realidade, o aumento da produção de ópio coincidiu com a investida da operação militar liderada pelos EUA e a queda do regime talibã. De Outubro a Dezembro de 2001, os agricultores começaram a replantar papoilas numa base extensiva. O sucesso do programa de erradicação da droga de 2000 no Afeganistão sob o regime talibã foi reconhecido na sessão de Outubro de 2001 da

Assembleia Geral da ONU (realizada poucos dias após o início dos bombardeamentos de 2001). Nenhum outro país membro do UNODC foi capaz de implementar um programa comparável:

> Em primeiro lugar, na luta contra a droga, tinha planeado centrar as minhas observações nas implicações da proibição do cultivo de papoilas opiáceas pelos Talibãs nas áreas que controlam...

Temos agora os resultados do nosso inquérito anual de campo sobre o cultivo da papoila no Afeganistão. A produção deste ano (2001) é de cerca de 185 toneladas. Isto é inferior às 3,300 toneladas do ano passado (2000), uma queda de mais de 94%. Em comparação com a colheita recorde de 4.700 toneladas há dois anos, o declínio é bem superior a 97%. Qualquer redução no cultivo ilícito é bem-vinda, especialmente em casos como este, em que não se verificou qualquer deslocação, local ou em outros países, para enfraquecer o resultado.

No rescaldo da invasão americana, a retórica mudou. O UNODC actua agora como se a proibição do ópio de 2000 nunca tivesse acontecido:

> ... A batalha contra o cultivo da droga foi travada e ganha noutros países e pode ser travada e ganha aqui (no Afeganistão), com uma governação forte e democrática, assistência internacional e uma maior segurança e integridade.

> Declaração do representante do UNODC no Afeganistão na Conferência Internacional contra os Narcóticos, em Fevereiro de 2004.

De facto, Washington e o UNODC afirmam agora que o objectivo dos Talibãs em 2000 não era realmente a "erradicação da droga", mas um plano desonesto para desencadear uma "escassez artificial de oferta" que faria subir os preços mundiais da heroína. Ironicamente, esta lógica distorcida, agora parte de um novo "consenso da ONU", é refutada por um relatório do gabinete do UNODC no Paquistão, que confirmou, na altura, que não havia indícios de acumulação de existências por parte dos Talibãs.

> Desert News, Salt Lake City, Utah, 5 de Outubro de 2003.

Após o bombardeamento americano do Afeganistão em 2001, o governo britânico de Tony Blair foi incumbido pelo G8, o grupo das principais nações industriais, de levar a cabo um programa de erradicação da droga que, em teoria, permitiria aos agricultores afegãos passar do cultivo de papoilas para outras culturas. Os britânicos estavam a trabalhar a partir de Cabul, em estreita ligação com as autoridades afegãs.

A Operação de Contenção da DEA dos EUA. O programa de erradicação de culturas patrocinado pelo Reino Unido é uma cortina de fumo óbvia. Desde Outubro de 2001, o cultivo da papoila opiácea tem vindo a aumentar. Um dos objectivos "escondidos" da guerra era precisamente trazer o comércio de drogas patrocinado pela CIA de volta aos níveis históricos e exercer um controlo directo sobre as rotas da droga. Imediatamente após a invasão de Outubro de 2001, os mercados do ópio foram restabelecidos. Os preços do ópio subiram em flecha. No início de 2009, o preço do ópio (em dólares/kg) era quase 15 vezes mais elevado do que em 2000. Em 2001, sob o regime talibã, a produção de opiáceos ascendeu a 185 toneladas, e subiu para 3.400 toneladas em 2002 sob o regime fantoche do Presidente Hamid Karzai, patrocinado pelos EUA. Embora enfatizando a luta patriótica de Karzai contra os Taliban, os meios de comunicação social não mencionaram que Karzai tinha, de facto, colaborado com os Taliban. Esteve também ao serviço de uma grande companhia petrolífera americana, a UNOCAL. De facto, desde meados dos anos 90, Hamid Karzai tem actuado como consultor e lobista da UNOCAL nas negociações com os Talibãs. De acordo com o jornal saudita *Al-Watan* :

> Karzai tem sido um operador clandestino da Agência Central de Inteligência desde os anos 80. Canalizou a ajuda dos EUA para os Taliban a partir de 1994, quando os americanos apoiaram secretamente e por intermédio dos paquistaneses (especificamente o ISI) a aquisição dos Taliban.

Vale a pena recordar a história do comércio de drogas do Crescente Dourado, que está intimamente ligado às operações secretas da CIA na região desde a ofensiva da guerra soviético-afegã e o seu rescaldo. Antes da guerra soviético-afegã (1979-

1989), a produção de ópio no Afeganistão e Paquistão destinava-se a pequenos mercados regionais. Não houve produção local de heroína. A economia afegã dos narcóticos foi um projecto cuidadosamente concebido pela CIA, apoiado pela política externa dos EUA. Como revelaram os escândalos Irão-Contra e Banco de Comércio e Crédito Internacional (BCCI), as operações encobertas da CIA em nome dos mujahideen afegãos foram financiadas através do branqueamento de dinheiro da droga. O "dinheiro sujo" foi reciclado através de várias instituições bancárias (no Médio Oriente), bem como através de empresas de fachada anónimas da CIA, em "dinheiro secreto", que foi utilizado para financiar vários grupos rebeldes durante a guerra soviético-afegã e o seu rescaldo. Porque os EUA queriam fornecer aos rebeldes mujahedin no Afeganistão os mísseis antiaéreos Stinger e outro equipamento militar, precisavam da total cooperação do Paquistão. Em meados da década de 1980, a operação da CIA em Islamabad era uma das maiores estações de inteligência dos EUA no mundo.

> "Se o BCCI é tão embaraçoso para os EUA que não estão a ser conduzidas investigações francas, tem muito a ver com o facto de os EUA terem feito vista grossa ao tráfico de heroína no Paquistão", disse um oficial dos serviços secretos norte-americanos.

O estudo do investigador Alfred McCoy confirma que, dois anos após a operação secreta da CIA no Afeganistão em 1979, as áreas fronteiriças entre o Paquistão e o Afeganistão tornaram-se o maior produtor mundial de heroína, suprindo 60% da procura dos EUA. No Paquistão, o número de dependentes de heroína aumentou de quase zero em 1979 para 1,2 milhões em 1985, um aumento muito maior do que em qualquer outra nação; os bens da CIA voltaram a controlar o comércio de heroína. Quando os guerrilheiros Mujahideen tomaram o território do Afeganistão, ordenaram aos camponeses que plantassem ópio como um imposto revolucionário. Do outro lado da fronteira no Paquistão, líderes afegãos e sindicatos locais, sob a protecção dos serviços secretos paquistaneses, operaram centenas de laboratórios de heroína. Durante esta década de tráfico de droga em grande escala, a agência americana de combate à droga em Islamabad não conseguiu fazer uma única grande apreensão ou prisão.

Os funcionários norte-americanos recusaram-se a investigar acusações de tráfico de heroína pelos seus aliados afegãos porque a política de drogas dos EUA no Afeganistão estava subordinada às prioridades da guerra contra a influência soviética naquele país. Em 1995, o antigo director da CIA responsável pela operação no Afeganistão, Charles Cogan, admitiu que a CIA tinha efectivamente sacrificado a guerra da droga para combater a Guerra Fria:

> A nossa principal missão era fazer o máximo de danos possíveis aos soviéticos. Não tínhamos realmente os recursos ou o tempo para fazer uma investigação de drogas.
>
> Penso que não precisamos de pedir desculpa por isso. Cada situação tem as suas consequências. Houve uma queda em termos de drogas, sim. Mas o objectivo principal foi alcançado. Os soviéticos deixaram o Afeganistão.

O papel da CIA, que está amplamente documentado, não é mencionado nas publicações oficiais do UNODC, que se concentram em factores sociais e políticos domésticos. Escusado será dizer que as raízes históricas do comércio do ópio têm sido grosseiramente distorcidas. Segundo o UNODC, a produção de ópio no Afeganistão aumentou mais de 15 vezes desde 1979. Após a guerra soviético-afegã, o crescimento da economia do narcotráfico prosseguiu sem parar. Os Talibãs, apoiados pelos EUA, contribuíram inicialmente para o crescimento contínuo da produção de opiáceos até à proibição do ópio em 2000. Esta reciclagem do dinheiro da droga foi utilizada para financiar insurreições pós Guerra Fria na Ásia Central e nos Balcãs, incluindo a Al Qaeda. Para mais detalhes, ver Michel Chossudovsky, *War and Globalization, The Truth behind September 11*, Global Outlook, 2002.

**Drogas: por detrás do mercado petrolífero e do comércio de armas**

As receitas geradas pelo comércio de droga afegão patrocinado pela CIA são consideráveis. O comércio afegão de opiáceos é uma parte significativa do volume anual de negócios mundial de narcóticos, que foi estimado pelas Nações Unidas na ordem dos 400-500 mil milhões de dólares. Quando estes números da ONU foram publicados pela primeira vez (1994), o (estimado) comércio mundial de drogas era da mesma ordem de grandeza que o comércio mundial de petróleo.

O FMI estimou que o branqueamento global de capitais se situa entre 590 mil milhões e 1,5 triliões de dólares por ano, o que representa 2-5% do PIB global (*Asian Banker*, 15 de Agosto de 2003). Grande parte do branqueamento global de capitais estimado pelo FMI está relacionado com o comércio de droga. Com base nos números de 2003, o tráfico de droga é "a terceira maior mercadoria do mundo em termos de dinheiro a seguir ao petróleo e ao comércio de armas". *The Independent*, 29 de Fevereiro de 2004.

Além disso, os números acima, incluindo os relativos ao branqueamento de capitais, confirmam que a maior parte das receitas associadas ao comércio global de droga não é capturada por grupos terroristas e senhores da guerra, como sugere o relatório do UNODC. Há poderosos interesses comerciais e financeiros por detrás das drogas. Nesta perspectiva, o controlo geopolítico e militar das rotas da droga é tão estratégico como os oleodutos e oleodutos. O que distingue os narcóticos do comércio legal de mercadorias, contudo, é que os narcóticos são uma importante fonte de formação de riqueza não só para o crime organizado, mas também para a comunidade de inteligência dos EUA, que é cada vez mais um actor poderoso nas esferas financeira e bancária. Por sua vez, a CIA, que protege o comércio da droga, desenvolveu ligações comerciais complexas e encobertas com os principais sindicatos criminosos envolvidos no comércio da droga. Por outras palavras, as agências de inteligência e os poderosos sindicatos empresariais aliados ao crime organizado competem pelo controlo estratégico das rotas da heroína. Biliões de dólares em receitas de narcóticos são depositados no sistema bancário ocidental.

A maioria dos grandes bancos internacionais, bem como as suas filiais em paraísos bancários offshore, lavam grandes quantidades de dinheiro do narcotráfico. Este negócio só pode prosperar se os principais actores envolvidos nos narcóticos tiverem "amigos políticos em altos cargos".

Os negócios legais e ilegais estão cada vez mais interligados; a linha entre "homens de negócios" e criminosos está desfocada. Por sua vez, as relações entre criminosos, políticos e membros dos serviços de inteligência mancharam as estruturas do Estado e o papel das suas instituições. Este comércio é caracterizado por uma complexa rede de intermediários. Há várias fases do comércio da droga, vários mercados interligados, desde o empobrecido produtor de papoilas no Afeganistão até aos mercados grossista e retalhista de heroína nos países ocidentais. Por outras palavras, existe uma "hierarquia de controlo de preços" para os opiáceos.

Esta hierarquia é reconhecida pela administração dos EUA:

> A heroína afegã é vendida no mercado internacional de narcóticos por 100 vezes mais do que o preço que os agricultores obtêm pelo seu ópio no portão da quinta.
>
> Departamento de Estado dos EUA citado pela
> *Voice of America.*

Segundo o UNODC, o ópio no Afeganistão gerou em 2003 ... um rendimento de mil milhões de dólares para os agricultores e 1,3 mil milhões de dólares para os traficantes, mais de metade do seu rendimento nacional. Segundo estas estimativas do UNODC, o preço médio do ópio fresco era de 350 dólares por kg. (2002); a produção em 2002 foi de 3400 toneladas. As estimativas do UNODC, baseadas nos preços agrícolas locais e nos preços por grosso, são, no entanto, apenas uma percentagem muito pequena do comércio multi-biliões de dólares total de drogas afegãs. O UNODC estima o "volume de negócios anual total do comércio internacional" de opiáceos afegãos em 30 mil milhões de dólares. Um exame dos preços por grosso e a retalho da heroína nos países ocidentais sugere, contudo, que as receitas totais geradas, incluindo a nível retalhista, são muito mais elevadas. Estima-se que um quilo de ópio produz cerca de 100 gramas de heroína (pura).

A DEA americana confirma que a heroína SWA (Sudoeste Asiático, ou seja, Afeganistão) estava a ser vendida em Nova Iorque no final dos anos 90 por entre $85.000 e $190.000 por quilograma por grosso, com um nível de pureza de 75%. Desde que estes números foram publicados, as fontes indicam que os preços da heroína aumentaram em 450%.

Segundo a US Drug Enforcement Administration (DEA), "o preço da heroína do sudeste asiático (SEA) varia entre $70.000 e $100.000 por unidade (700 gramas) e a pureza da heroína SEA variava entre 85 e 90%". A unidade ASE de 700 gramas (85-90% de pureza) traduz-se num preço por kg. de heroína pura entre 115.000 e 163.000 dólares americanos. Os números citados pela DEA, embora reflectindo a situação na década de 1990, estão largamente em linha com os números britânicos de 2002. Segundo um relatório do *Guardian* (11 de Agosto de 2002), o preço por grosso da heroína (pura) em Londres (Reino Unido) era da ordem das 50.000 libras, ou cerca de 80.000 dólares (2002). Embora haja concorrência entre as diferentes fontes de fornecimento de heroína, é de notar que a heroína afegã representa uma percentagem bastante pequena do mercado americano de heroína, que é largamente fornecida pela Colômbia.

O Departamento de Polícia de Nova Iorque (NYPD) observa que os preços de retalho da heroína estão em queda e que a pureza é relativamente elevada. A heroína, que costumava ser vendida por cerca de $90 por grama, vende-se agora por $65 a $70 por grama ou menos. A informação anedótica da Polícia de Nova Iorque indica que a pureza de um saco de heroína varia geralmente entre 50-80%, mas pode ser tão baixa quanto 30%. A informação de Junho de 2008 indica que os fardos (10 sacos) comprados por compradores dominicanos a vendedores dominicanos em maiores quantidades (cerca de 150 fardos) foram vendidos por apenas $40 cada, ou $55 cada no Central Park. A DEA informa que uma onça de heroína é tipicamente vendida por $2.500 a

$5.000, um grama por $70 a $95, um pacote por $80 a $90, e um saco por $10.

O DMP informa que a pureza média da heroína a nível das ruas em 1999 era de cerca de 62%. Os números da NYPD e da DEA para os preços de retalho parecem consistentes. O preço da DEA de $70 a $95, com uma pureza de 62%, traduz-se em $112 a $153 por grama de heroína pura. Os números da NYPD são aproximadamente semelhantes, com estimativas talvez mais baixas de pureza. É de notar que quando a heroína é comprada em quantidades muito pequenas, o preço de venda a retalho tende a ser muito mais elevado. Nos EUA, é frequentemente comprado pelo "saco" (o saco típico contém 25 miligramas de heroína pura). Um saco de $10 em Nova Iorque (de acordo com o número da DEA citado acima) traduzir-se-ia num preço de $400 por grama, cada saco contendo 0,025 gramas de heroína pura. Por outras palavras, para compras muito pequenas comercializadas por comerciantes de rua, a margem de venda a retalho tende a ser muito mais elevada. No caso da compra de um saco de $10, é cerca de 3 a 4 vezes o preço de retalho correspondente por grama ($112 - $153). Na Grã-Bretanha, o preço de retalho por grama de heroína, de acordo com fontes policiais britânicas, "...caiu de £74 em 1997 para £61 (em 2004)". (ou seja, de cerca de $133 a $110, com base na taxa de câmbio de 2004) *Independente*, 3 de Março de 2004.

Em algumas cidades, era tão baixo como £30-40 por grama com um baixo nível de pureza. O preço médio de um grama de heroína na Grã-Bretanha situa-se entre £40 e £90 ($72 a $162 por grama). (O relatório não menciona a pureza.) O preço de rua da heroína era de £80 por grama em Abril de 2007, de acordo com o Serviço Nacional de Inteligência Criminal. Estes são preços que vão desde o preço à saída da exploração agrícola no país produtor até ao preço final de venda a retalho na rua. Este último é frequentemente 80 a 100 vezes o preço pago ao agricultor. Por outras palavras, o produto opiáceo passa por vários mercados, desde o país produtor até aos países de transbordo e depois até aos países consumidores. Neste último, existem grandes margens entre o "preço de desembarque" no ponto de entrada, exigido pelos cartéis da droga, e os preços por grosso e a retalho na rua, protegidos pelo crime organizado ocidental. No Afeganistão, a alegada produção de 3.600 toneladas de ópio em 2003 produziria cerca de 360.000 kg de heroína pura. O rendimento bruto dos agricultores afegãos é estimado pelo UNODC em cerca de mil milhões de dólares, dos quais 1,3 mil milhões vão para os traficantes locais. Quando vendido nos mercados ocidentais a um preço de heroína por grosso de cerca de 100.000 dólares por kg (com um nível de pureza de 70%), as receitas globais por grosso (correspondentes a 3.600 toneladas de ópio afegão) seriam de cerca de 51,4 mil milhões de dólares.

Este último valor é uma estimativa conservadora baseada nos vários valores de preços por grosso apresentados na secção anterior. As receitas totais do comércio afegão de droga (em termos de valor acrescentado total) são estimadas utilizando o preço final de venda a retalho da heroína. Por outras palavras, o valor de retalho do comércio é, em última análise, a bitola para medir a importância do comércio de droga em termos de geração de rendimentos e formação de riqueza. Uma estimativa significativa do valor de retalho, no entanto, é quase impossível de estabelecer porque os preços de retalho variam consideravelmente dentro das áreas urbanas, entre cidades, e entre países consumidores, para não mencionar as variações de pureza e qualidade. Os dados sobre as margens retalhistas, ou seja, a diferença entre os preços por grosso e a retalho nos países consumidores, sugerem no entanto que uma grande parte das receitas (monetárias) totais do comércio de droga é gerada a nível retalhista. Por outras palavras, uma parte significativa das receitas do comércio da droga vai para os sindicatos criminosos e empresariais dos países ocidentais envolvidos nos mercados locais de venda por grosso e a retalho de droga. E os vários bandos criminosos envolvidos no comércio a retalho são invariavelmente protegidos por sindicatos de crime "empresariais".

90% da heroína consumida no Reino Unido provém do Afeganistão. Utilizando o preço de retalho britânico de 110 dólares por grama (com um nível de pureza assumido de 50%), o valor total do comércio de droga afegão em 2003 (3.600 toneladas de ópio) seria de cerca de 79,2 mil milhões de dólares. Esta última figura deve ser considerada como uma simulação e não como uma estimativa. Sob esta hipótese (simulação), mil milhões de dólares em receitas brutas para os agricultores afegãos (2003) gerariam receitas globais de narcóticos - acumuladas em diferentes fases e em diferentes mercados - da ordem de 79,2 mil milhões de dólares.

Estas receitas globais revertem para sindicatos empresariais, agências de inteligência, crime organizado, instituições financeiras, grossistas, retalhistas, etc., envolvidos directa ou indirectamente no comércio de droga. Por sua vez, as receitas deste comércio lucrativo são depositadas em bancos ocidentais, que são um mecanismo chave para a lavagem de dinheiro sujo. Uma percentagem muito pequena vai para os agricultores e comerciantes do país produtor. Deve-se lembrar que o rendimento líquido dos agricultores afegãos é apenas uma fracção dos estimados mil milhões de dólares. Isto não inclui o pagamento de insumos agrícolas, juros sobre empréstimos a mutuantes, protecção política, etc. O Afeganistão produz mais de 70% do fornecimento mundial de heroína e a heroína representa uma fracção significativa do mercado mundial de narcóticos, estimado pela ONU em cerca de 400-500 mil milhões de dólares.

Não existem estimativas fiáveis sobre a distribuição do comércio mundial de narcóticos entre as principais categorias:

➢ Cocaína, Ópio/Heroína,

➢ Canábis, estimulantes do tipo anfetaminas (ATS),

➢ Outros medicamentos.

As receitas do comércio de drogas são depositadas no sistema bancário normal. O dinheiro da droga é lavado nos muitos paraísos bancários offshore na Suíça, Luxemburgo, Ilhas do Canal da Mancha, Ilhas Caimão e cerca de 50 outros lugares em todo o mundo. É aqui que interagem os sindicatos criminosos envolvidos no tráfico de droga e os representantes dos maiores bancos comerciais do mundo. O dinheiro sujo é depositado nestes paraísos offshore, que são controlados pelos grandes bancos comerciais ocidentais. Estes últimos têm um interesse declarado em manter e apoiar o comércio da droga.

Uma vez lavado, o dinheiro pode ser reciclado em investimentos genuínos, não só em imóveis, hotéis, etc., mas também noutras áreas como a economia de serviços e a indústria transformadora. O dinheiro sujo e secreto é também canalizado para vários instrumentos financeiros, incluindo a negociação de derivados, mercadorias, acções e obrigações do Estado. A política externa dos EUA apoia o funcionamento de uma economia criminosa próspera na qual a fronteira entre o capital organizado e o crime organizado é cada vez mais ténue.

O comércio da heroína não "enche os cofres dos Talibãs", como o governo dos EUA e a comunidade internacional afirmam: muito pelo contrário! As receitas deste comércio ilegal são a fonte de criação de riqueza, da qual os poderosos interesses comerciais e criminosos dos países ocidentais beneficiam grandemente.

Estes interesses são apoiados pela política externa dos EUA. As decisões tomadas pelo Departamento de Estado dos EUA, a CIA e o Pentágono ajudam a sustentar este comércio multi-bilionário altamente lucrativo, o terceiro maior depois do petróleo e do comércio de armas.

A economia afegã da droga está "protegida". O comércio da heroína fazia parte da agenda da guerra. O que a guerra tem feito é restaurar um estado narcótico complacente, liderado por um fantoche nomeado pelos EUA.

Os poderosos interesses financeiros por detrás dos narcóticos são apoiados pela militarização de triângulos-chave globais da droga (e rotas de transbordo), incluindo o Crescente Dourado e a região andina da América do Sul (ao abrigo da Iniciativa Andina).

**Cultivo da papoila de ópio no Afeganistão**

| Ano | Produção (em toneladas) | Culturas (em hectares) |
|---|---|---|
| 1994 | 71,470 | 3,400 |
| 1995 | 53,759 | 2,300 |
| 1996 | 56,824 | 2,200 |
| 1997 | 58,416 | 2,800 |
| 1998 | 63,674 | 2,700 |
| 1999 | 90,983 | 4,600 |
| 2000 | 82,172 | 3,300 |
| 2001 | 7,606 | 185 |
| 2002 | 74,000 | 3,400 |
| 2007 | 88,000 | 4,000 |

# Capítulo 3

## A falsa guerra das drogas

Na história de todas as nações, existe um ponto claramente definido onde se pode traçar um declínio acentuado que leva à sua inevitável queda. É o caso da Índia, mesmo se voltarmos à cultura Harappa, à invasão da Índia e às grandes culturas arianas criadas pelos citas e helenos sob Alexandre o Grande. As principais mudanças culturais que arruinaram as civilizações na Europa vieram de quatro rotas principais.

> ➢ Da Ásia Ocidental para a Europa Central e Ocidental via Rússia.

> ➢ Da Ásia Menor para o Mediterrâneo Ocidental através do Mar Egeu.

> ➢ Do Próximo Oriente e do Egeu até ao Mediterrâneo Ocidental por mar.

> ➢ Do Norte de África para Espanha e Europa Ocidental.

Tanto a civilização grega como a romana foram destruídas por estas correntes ou por uma combinação das mesmas. É certo que o movimento de massas e a difusão de várias culturas desempenharam um papel importante na formação do futuro das nações. Há provas claras de que estes movimentos de massas têm sido impulsionados por razões comerciais e políticas. Pessoas e culturas estranhas começaram a reivindicar 'direitos' na Roma antiga. Por razões políticas, os decadentes governantes romanos acederam a estas exigências. Em parte alguma este padrão de movimento de massas de pessoas por razões políticas pode ser traçado mais claramente do que na história dos Estados Unidos da América. Em 1933, o Presidente Franklin Delano Roosevelt abriu as comportas a uma invasão de povos da Europa de Leste cuja cultura era totalmente alheia à cultura cristã anglo-saxónica, nórdico-alpina e lombarda germânica que constituía a massa do povo dos Estados Unidos. Fê-lo para fins puramente políticos, sabendo que os imigrantes estrangeiros iriam votar nele e no seu partido.

Esta vasta onda de pessoas social e culturalmente desassimiladas é o resultado de decisões políticas tomadas pelos Conspiradores, cujo objectivo era destruir a América cristã. Esta política continua hoje em dia. Os Estados Unidos estão a ser inundados por povos estrangeiros da Ásia Menor, Extremo Oriente, Próximo Oriente, Ilhas do Pacífico, Europa Oriental, América Central e do Sul, a tal ponto que o declínio e queda dos Estados Unidos, iniciado em 1933, está agora bem encaminhado.

As mudanças culturais têm sido vastas, especialmente desde 1933. Sob o pretexto da "tolerância" e do "internacionalismo", a população cristã ocidental dos Estados Unidos foi obrigada a recuar sob as pressões do "liberalismo". O compromisso tornou-se a ordem do dia. A ética cristã branca que em tempos abundou nos Estados Unidos começou a afogar-se num mar de ideias não cristãs que, se não for controlada, fará nos Estados Unidos, num espaço de tempo relativamente curto, o que foi feito em Roma.

Um dos esforços mais diabólicos para destruir o ethos cristão ocidental do que eu chamo o povo indígena da América, ou seja, os cristãos brancos, cujos antepassados vieram de Inglaterra, Irlanda, Escócia, País de Gales, Alemanha, Escandinávia, França e Itália, foi o caos cultural causado pela música rock and roll acompanhada pelo uso maciço de drogas viciantes como a marijuana, produtos químicos, heroína e cocaína. Nunca devemos cair na armadilha de pensar que estas mudanças culturais desastrosas aconteceram por acaso. O acaso não desempenha qualquer papel nestas convulsões. Estes são factos, e o facto é que toda a vasta mudança cultural da moralidade cristã para a decadência pagã foi cuidadosamente planeada.

Nos muitos livros que escrevi, estes planos são postos a nu, e são fornecidos os nomes das instituições, empresas, organizações e indivíduos responsáveis pela terrível guerra contra a América cristã branca. Os meus livros incluem o seguinte:

➢ Instituições e empresas dos conspiradores.

➢ A nobreza negra desmascarada.

➢ Quem são os conspiradores?

➢ Os líderes ocultos da América.

➢ Nova Era de Aquarius.

Isto não é de forma alguma tudo o que fiz para expor a ameaça da droga. Ao longo das minhas mais de quinhentas monografias e cassetes áudio, há uma menção a este comércio insidioso e aos responsáveis por ele. Com base na sua vasta experiência e riqueza adquirida com o comércio do ópio na China nos séculos 18 e 19 , as famílias oligárquicas britânicas e os seus primos americanos começaram a sua ofensiva na frente da droga a sério contra a América imediatamente após a Segunda Guerra Mundial. Recordo que o trabalho de investigação para a minha guerra pessoal contra a droga foi feito principalmente no local e as minhas informações são extraídas de relações no seio dos antigos serviços de inteligência envolvidos no controlo do comércio de droga em vários países.

Na década de 1930, uma certa autoridade sobre o investimento britânico no estrangeiro, o Sr. Graham, escreveu que o investimento britânico na América Latina ascendia a "mais de um trilião de libras". Porquê tanto dinheiro na América Latina? Numa palavra: drogas. Certamente não foram bananas, embora essa fruta tenha desempenhado um papel no encobrimento dos carregamentos de drogas escondidos debaixo de cachos de bananas.

A plutocracia que mantinha os cordões de bolsa dos bancos é então a mesma que hoje em dia gere o tráfico de droga. Nunca ninguém apanhará a aristocracia em Inglaterra com mãos sujas; têm as suas respeitáveis frentes atrás das quais operam através de homens da frente e organizações como Frasers in Africa e

Trinidad Leaseholds Ltd. nas Caraíbas (grandes empresas britânicas registadas em Londres).

Durante o reinado da Rainha Vitória, quinze membros do Parlamento inglês controlavam o vasto comércio na China e na América Latina, e entre eles estavam Lord Chamberlain, Sir Charles Barry e Lord Palmerston. Tal como o comércio de ópio na China era um monopólio britânico, o comércio de droga nas Caraíbas, América Central e do Sul, Médio Oriente e Extremo Oriente tornou-se um monopólio britânico.

Mais tarde, na prossecução dos seus objectivos de destruição cultural da América, algumas das antigas famílias de "sangue azul" da América foram autorizadas a participar no comércio; Thomas Handiside Perkins, os Delanos e os Richardsons são exemplos do que quero dizer. A começar pela distribuição pelos "missionários" da Missão Interior da China, fortemente financiada pelo BEIC, o ópio foi forçado à população chinesa. A procura foi criada e depois satisfeita pelo BEIC.

O seu criado, Adam Smith, chamou-lhe "comércio livre". Quando o governo chinês tentou resistir a transformar o seu povo em viciados em ópio, a Grã-Bretanha travou duas grandes guerras para impedir o que chamou de "interferência no comércio livre".

Enquanto estudava em Londres, conheci o filho de uma família missionária que tinha servido na Missão Interior da China. A sua família tinha sido missionária desde o século 19 . Depois de formar uma amizade bastante próxima com uma das filhas que também tinha servido na China, ela disse-me que todas elas fumavam ópio, e que era uma tradição que já existia na sua família há gerações.

O comércio do ópio na Indochina é um dos segredos mais bem guardados e dos capítulos mais ignóbeis da história da Europa Ocidental. Não se deve esquecer que a família real britânica tem as suas origens em Veneza, aquela adaga levantina no coração da Europa Ocidental. Robert Bruce, que usurpou o trono escocês, veio de Veneza e o seu verdadeiro nome não era Bruce. O mesmo poderia ser dito da chamada "Casa de Windsor", na realidade a Casa dos Guelphs Negros.

Como mencionado anteriormente, após o seu sucesso na Índia e na China, o BEIC voltou a sua atenção para os Estados Unidos, que é uma das razões pelas quais temos uma chamada "relação especial" com a aristocracia britânica, e de facto muitos dos nossos "líderes" estão ligados à realeza britânica. Franklin D. Roosevelt, George Herbert Walker Bush e Richard Cheney são exemplos que me vêm à mente. O lucrativo comércio de drogas estabelecido na China é um dos piores exemplos de exploração da miséria humana com fins lucrativos.

Ao abrigo da protecção da lei de espionagem industrial livremente invocada pelo governo suíço, estão previstas severas penas de prisão se algo for revelado sobre as acções destas duas empresas, ou mesmo sobre qualquer empresa suíça. Não abane o barco na Suíça se não estiver preparado para enfrentar consequências muito desagradáveis! A retórica de pessoas como a Sra. Thatcher e George Bush, que basicamente nos dizem que estão determinados a combater a droga, pode ser completamente ignorada.

A chamada "guerra às drogas" é absolutamente falsa aos mais altos níveis de governo. Não há guerra às drogas, nem nunca houve nenhuma. Só quando os governos britânico e americano forem atrás do povo no topo do comércio da droga é que a sua proclamada "guerra" terá algum significado. Isto significa prender pessoas como os Keswicks, os Jardines, os Mathesons e fechar bancos como o Midland Bank, o National and Westminster Bank, o Barclays e o Royal Bank of Canada. Não menciono estes nomes da alta sociedade britânica de ânimo leve.

Já em 1931, os chefes destas empresas e bancos foram nomeados como pares do reino. Foi a própria Rainha de Inglaterra que deu protecção especial às cinco maiores empresas de comércio de medicamentos em Inglaterra. Através de um amigo de confiança, obtive acesso aos documentos do falecido Frederick Wells Williamson, o administrador dos "India Papers". O que eu vi chocou-me. A lista de famílias "nobres" em Inglaterra e na

Europa envolvidas no comércio da droga causaria uma tempestade de indignação na Grã-Bretanha e na Europa se as víboras coroadas fossem alguma vez reveladas.

Após a Segunda Guerra Mundial, uma inundação de heroína ameaçou engolir o mundo ocidental, com particular incidência na América do Norte. Este comércio era gerido e financiado por pessoas em lugares altos. O KGB usou-a como arma contra o Ocidente sob as ordens e direcção do falecido Yuri Andropov. Fornecidas e financiadas pelo KGB, foram criadas em Cuba instalações de fabrico de cocaína e heroína, sob a direcção de Raoul Castro, irmão de Fidel Castro.

Estes factos são do conhecimento do governo dos EUA, que nunca conseguiu fazer nada para desactivar as instalações e as políticas cubanas parecem deixar Cuba "intocável". Galen, a notória autoridade sobre a heroína deve ser lida por qualquer pessoa que queira uma compreensão clara do que é a heroína e o que faz ao corpo humano. Os primeiros utilizadores registados de ópio (do qual deriva a heroína) foram provavelmente os antigos Mongóis da Índia, cuja dinastia durou de 1526 a 1858 e cuja civilização entrou em colapso à medida que a produção de ópio e o poder britânico aumentavam.

Um mapa da Índia que obtive dos India Papers, India House, Londres, mostra as áreas onde as papoilas opiáceas eram cultivadas, e corresponde à aquisição de território pelos britânicos a partir de 1785, ao longo da bacia do Ganges, Bihar e Benares. O ópio de melhor qualidade provém das papoilas cultivadas nestas áreas. É simplesmente espantoso o que os senhores britânicos do ópio, o estabelecimento governante britânico em Inglaterra, foram capazes de realizar na Índia.

A realeza e os seus parentes chamaram a este comércio fantasticamente lucrativo "os despojos do Império". Os documentos da India House, chamados Miscellaneous Old Records, provaram ser para mim uma mina de informação. Estes documentos mostram o envolvimento total de altos funcionários do governo britânico, da realeza e da oligarquia, no comércio do ópio na China.

Estes documentos mostram que "fortunas instantâneas" foram feitas pela "nobreza" e "aristocracia" da Grã-Bretanha. Estrangeiros, tais como William Sullivan, que foi julgado por fazer uma "fortuna instantânea" não autorizada à custa da British East India Company, depressa se viram em grandes apuros. Os directores da British East India Company eram membros proeminentes do Partido Conservador, incluindo Lord Palmerston e outros. Tinham os seus próprios passaportes da British East India Company, que se tornaram necessários se se quisesse viajar para a China.

Os senhores e senhoras proprietários da British East India Company tentaram pela primeira vez introduzir o ópio na Inglaterra em 1683, mas não conseguiram convencer os yeomen robustos e a classe média a tornarem-se viciados. Assim, os plutocratas e a oligarquia começaram à procura de um mercado.

A Península Arábica foi tentada, mas isso também falhou, graças aos ensinamentos do Profeta Maomé. Assim, voltaram-se para a China e para as suas massas cheias, tão convenientemente perto de Bengala. Foi apenas em 1729 que o governo chinês tentou aprovar leis anti-opio, que colocaram a China em rota de colisão com a Grã-Bretanha. A aristocracia britânica e a sua estrutura oligárquica são muito difíceis de penetrar. Para pessoas sem formação especial, tal tarefa é impossível. A grande maioria dos líderes políticos britânicos de qualquer importância estão relacionados entre si, com os chamados títulos a serem assumidos pelo filho mais velho aquando da morte do membro mais velho da família, e praticamente todas estas famílias estão no comércio da droga, indirectamente, é claro.

Pode achar este detalhe um pouco enfadonho. Sei que o encontrei assim quando estava a ler montanhas de documentos em Londres e a registar informações no meu stock de cadernos de notas. Quando não me foi permitido tomar tais notas, a minha câmara especial de 'espionagem' serviu-me bem. Dou-vos esta informação, que exigiu muita investigação, porque afecta profundamente os Estados Unidos da América.

Isto faz parte do encobrimento da "relação especial" que liga as nossas próprias "famílias nobres" no comércio da droga aos seus "primos" britânicos. Esta "relação especial" disfarçou uma situação desagradável em que um elemento estrangeiro que se infiltrou na aristocracia britânica foi herdado pelos seus primos americanos.

Tomemos o caso de Lord Halifax, embaixador britânico em Washington, que, para todos os efeitos, assumiu o controlo da política externa dos EUA antes e durante a Segunda Guerra Mundial, incluindo a supervisão de todas as capacidades dos serviços secretos dos EUA. O seu filho, Charles Wood, casou com uma Miss Primrose, parente de sangue da horrível e desprezível Casa de Rothschild, com nomes como Lord Swayling e Montague associados à Rainha Isabel; o accionista maioritário conjunto da Shell Company. Ligo todas estas pessoas e as suas instituições ao comércio da droga.

Um dos antepassados desta ninhada foi Lord Palmerston, talvez um dos mais respeitados primeiros-ministros britânicos de todos os tempos. Também se revelou ser o principal instigador do comércio do ópio na China. Estas "víboras coroadas" permitiram aos seus "primos" britânicos na América participar neste comércio quando tiveram de transportar grandes stocks de ópio para o interior da China. O Comissário chinês Un, notou:

> Há tanto ópio a bordo dos navios ingleses agora nas estradas (Macau) que nunca mais será devolvido ao país de onde veio. Uma venda vai ser feita aqui na costa e não me surpreenderei ao saber que é contrabandeada (para a China) sob as cores americanas.

O Comissário One nunca viveu para descobrir quão rigorosa era a sua previsão e o que indirectamente levou à infestação de drogas nos EUA. Precisamos de ver como nós, o público, estamos a ser enganados e mantidos no escuro sobre o que se está a passar.

Uma coisa de que podemos ter a certeza é que, após a leitura deste livro, ninguém terá dúvidas de que os esforços dos EUA para conter o fluxo de drogas para este país e acabar com o comércio de drogas são fatalmente defeituosos, e que estes erros e falhas são deliberados.

O nosso governo não quer que o tráfico de droga seque. Os poderes que são, aqueles que controlam os "nossos" representantes no Congresso, há muito que decretaram que qualquer guerra contra a droga será uma guerra de fingimento. Dois membros-chave do governo demitiram-se devido a esta relutância em fazer qualquer coisa no topo da chamada guerra contra a droga. Um procurador-geral foi forçado a demitir-se porque foi visto como conivente com o governo mexicano, protegendo-o ao mais alto nível. Um presidente foi forçado a abandonar o cargo porque se atreveu a tentar enfrentar os responsáveis pelo tráfico de droga. Os britânicos transferiram o seu comércio de ópio de Cantão para Hong Kong e depois para o Panamá, razão pela qual era tão importante colocar o General Noriega fora de actividade, permanentemente.

A heroína foi do Afeganistão para o Paquistão, através da costa desolada de Maccra e do Mar Vermelho, para o Dubai, onde foi trocada por ouro. Veio do Líbano, do Vale de Bekka, controlado pela Síria, o que explica porque é que as forças armadas sírias ocuparam o Líbano durante tanto tempo; veio do Triângulo Dourado da Birmânia e Tailândia, e do Crescente Dourado do Irão, o que explica porque é que o Xá foi primeiro deposto e depois assassinado quando descobriu o que se estava a passar e tentou impedi-lo.

Esta verdadeira guerra da droga contra os Estados Unidos faz parte da conspiração de um só mundo do governo, uma conspiração que tem as suas raízes no Comité dos 300. A história das drogas é tão antiga como a história do próprio homem. A conspiração para derrubar todos os governos e religiões existentes é um esforço tripartido - espiritual, económico e político. As drogas são a sua principal arma. O gnosticismo é a contraforça do cristianismo. A Rainha de Inglaterra é gnóstica, tal como o seu marido, o Príncipe Filipe. Inclui o uso livre de drogas, o culto da mãe, da deusa da terra, da teosofia e dos Rosacruzes, que dirigiam os bandos de ópio chineses conhecidos como "Tríades". As "Tríades" obtiveram ópio dos armazéns dos navios britânicos e depois obrigaram os proprietários chineses a abrir covas de ópio.

Alistair Crowley foi o modelo do demónio da droga na sociedade vitoriana britânica. Este foi o local de nascimento do 'rock and roll', através do Instituto Tavistock, que criou 'bandas de rock' para difundir o uso de LSD, marijuana e, mais tarde, cocaína. Podemos não o saber, mas bandas decadentes como os Rolling Stones desfrutam do patrocínio das principais famílias britânicas e da família oligárquica alemã de Von Thurn und Taxis. As veneradas famílias nobres britânicas estão há muito tempo no negócio da droga através do Hong Kong e do Shanghai Bank, afectuosamente conhecido como o "Hongshang Bank". O negócio do Banco de Hong Kong e Xangai é a droga, pura e simples. Foi a partir destas famílias nobres que surgiu a conspiração para assassinar Abraham Lincoln e mais tarde John F. Kennedy. A sua dominação dos Estados Unidos é total, actuando através das suas instituições e sociedades, organizações religiosas "esculpidas". A Família Real de Inglaterra é o verdadeiro proprietário do império das bebidas Bronfman.

Durante a era da proibição, os Bronfmans eram os maiores contrabandistas de álcool do Canadá para os Estados Unidos. Os americanos nunca devem esquecer que estes homens poderosos e as suas empresas são responsáveis pelo vasto rio de drogas em que a América está literalmente a afogar-se. O nosso principal cão de guarda é o Royal Institute for International Affairs (RIIA). O presidente da Morgan Guarantee é também membro do conselho de administração da RIIA.

Outros membros do Conselho de Administração da Morgan fazem parte do Conselho de Administração do Hong Kong e do Shanghai Bank.

Lord Cato faz parte do "Comité de Londres" do Banco de Hong Kong e Xangai. É a RIIA, através de uma rede de empresas, instituições e bancos, que é responsável pela ameaça global dos medicamentos. Foi a RIIA que instalou Mao Tse Tung no poder na China, e depois fez de Hong Kong o principal posto de comércio de ópio e ouro do mundo, uma posição que manteve até à recente expansão do Dubai. Há algum tempo atrás escrevi sobre o fim do comércio da droga na Austrália e mencionei a sua metodologia. Recebi uma carta de um homem que me disse que tinha sido mensageiro de uma das maiores empresas de lavagem de dinheiro e que as minhas informações eram muito precisas. A empresa australiana era controlada a partir de Inglaterra. Já mencionei a ameaça feita por Chou En-Lai ao Presidente Nasser do Egipto. Ambos estão mortos, mas vale a pena repetir o que o líder chinês disse:

Algumas delas (tropas americanas no Vietname) estão a tentar o ópio. Nós ajudamo-los. Lembra-se quando o Ocidente (isto é, os britânicos) nos impôs o ópio? Eles combateram-nos com o ópio. E agora vamos combatê-los com as suas próprias armas. O efeito que esta desmoralização terá sobre os Estados Unidos será muito maior do que alguém se apercebe.

Esta conversa foi gravada em Junho de 1965 por Mohammed Heikel, o muito respeitado antigo editor do diário egípcio *Al Ahram*. Os bancos offshore que são conhecidos branqueadores de dinheiro da droga e estão filiados no Royal Institute of International Affairs estão espalhados por todo o mundo. Aqui está uma lista dos países onde estão localizados:

| | |
|---|---|
| Singapura | 14 |
| Bahamas | 23 |
| Antígua | 5 |
| Índias Ocidentais | 10 |
| Bermudas | 5 |
| Trinidad | 6 |
| Caimão | 22 |
| Panamá | 30 |

Esta lista exclui os bancos RIIA controlados pela China. Para obter uma lista destes últimos, pode consultar o Polk's Banking Directory. As listas de nomes de pessoas proeminentes preencheriam as páginas. Basta dizer que entre eles estão os mais proeminentes da sociedade britânica, como Sir Mark Turner, que controla os principais bancos da família real britânica, incluindo o Royal Bank of Canada. Foi o passado de Turner que conspirou com o Rei Jorge III para prejudicar os colonos americanos. O maior comércio de ópio para ouro foi conduzido no Dubai pelo Banco Britânico do Médio Oriente. A quantidade de ouro comercializado no Dubai excedeu a vendida em Nova Iorque. Esta operação está nas mãos de Sir Humphrey Trevelyn.

O preço mundial do ouro é "fixo" todos os dias nos escritórios de N.M. Rothschild, St. Swithins Court, Londres. Baseia-se unicamente no preço do ópio. Aqueles que se encontram nos escritórios de N.M. Rothschild são representantes da Harry Oppenheimer's Anglo American Company of South Africa, Moccato Metals, Johnson Matthey Kleinwart Benson, Sharps, Pixley Wardley, e membros do Comité de Londres do Banco de Hong Kong e Xangai.

Entre elas, estas empresas e os seus representantes reflectem o órgão controlador do comércio do ópio e da heroína, quer seja a quantidade a ser cultivada, o preço a ser pago e, inversamente, o preço do ouro; quem deve comerciar; onde; e em que quantidades.

Tentativas de invasão, "estrangeiros" são rapidamente reportadas à rede de polícia privada de David Rockefeller, conhecida como "Interpol", resultando por vezes na apreensão de quantidades relativamente pequenas de drogas. Estas apreensões são aclamadas pela imprensa mundial como "grandes vitórias" na falsa guerra das drogas. O comércio grossista de heroína e cocaína passa pelos seguintes grandes bancos. Até agora, nenhum governo se atreveu a ir atrás deles, embora abundem as provas das suas actividades nefastas:

## E.U.A.

- O Banco da Nova Escócia
- Negociantes de diamantes Harry Winston
- Metais de Mocatto
- Metais N.M.R.
- Loeb Rhodes
- Minerais Engelhard
- Dadeland Bank
- Primeiro Banco de Boston
- Credit Suisse

## CANADÁ

- O Banco Real do Canadá
- Noranda Sales Corporation
- Banco Imperial de Comércio do Canadá
- Banco da Nova Escócia
- Hong Kong. Wardley Pixlee Sharp Pixlee
- Empresa Inchcape
- Carta Consolidada
- Banco de Hong Kong e Xangai
- Banco Standard e Chartered
- Banco Chinês Ultramarino
- Jardine Matheson
- Sime, Darby
- Banco de Banguecoque

## MÉDIO ORIENTE

- O Banco Britânico do Médio Oriente

- Barclays International Bank, Dubai
- Banco de Descontos Barclays
- Banco de Israel Leumi
- Hapolum Bank of India

## PANAMA

- Bancoiberia América
- Banconacional de Panamá

### INGLATERRA

- Banco Nacional de Westminster
- Banco Midlands
- Banco Barclays

O Panamá é importante no mundo da droga, pois foi estabelecido como uma zona de comércio de cocaína. Grandes bancos comerciais foram aí abertos para o efeito. O homem forte Omar Torrijos foi colocado no comando, mas quando mudou a sua filiação, foi "despedido".

Quando o General Noriega, agindo com base num mandato da USDEA que pensava ter recebido, começou a desmantelar o império bancário de droga Rockefeller no Panamá, foi raptado por um contingente militar de 7.000 homens sob o comando do Presidente G.W.H. Bush e trazido para Miami para ser julgado como um grande "traficante de droga". Pagou o preço ao ser condenado "judicialmente" a uma prisão da qual nunca será libertado.

O Presidente Nixon pensava ser suficientemente grande para enfrentar o comércio da heroína através da França. Descobriu que estava errado e perdeu a sua presidência devido à sua corajosa tentativa de perturbar o "laço especial" entre a Grã-Bretanha e os Estados Unidos.

A Corporação ainda tem cerca de 200 toneladas de pasta de

cocaína, enquanto se sabe que Pato Pizzaro, no seu auge, movimentava centenas de milhões de dólares através de bancos panamenses. Pizzarro foi o chefe da "The Corporation", uma entidade boliviana, até ser assassinado por ordem do cartel de Medellín por tentar "expulsá-los". Um homem que sabia tudo o que se passava no Panamá, mas não o denunciou, foi Alfredo Duncan, o agente encarregado da DEA ligado à embaixada dos EUA. Alfredo Duncan foi o principal responsável pela fuga de Remberto, o homem responsável pela lavagem de dinheiro de "The Corporations", um dos homens de dinheiro mais importantes da rede boliviana que opera no Panamá.

A rede foi criada por David Rockefeller como o principal banco de cocaína, tal como os britânicos tinham criado Hong Kong para o comércio de heroína. Remberto foi atraído para o Panamá. Ele esperou que um alegado acordo fosse alcançado, mas quando Edwin Meese, então Procurador-Geral, avisou o governo mexicano do que estava prestes a acontecer, Remberto conseguiu escapar, evitando a prisão. O agente responsável, Alfredo Duncan, recebeu dezenas de cabos da DEA em Washington ordenando-lhe que prendesse Remberto. Quando se tornou claro que a ave tinha voado, o agente da DEA Alfredo Duncan culpou a CIA, afirmando que ela "o tinha levado (Remberto) para a ilha de Contadora". Assim, foi frustrado o que poderia ter sido um grande triunfo para a guerra contra a droga. Em vez disso, acabou num fiasco de ordens bloqueadas ou ignoradas. Fica-se com a nítida impressão de que Remberto foi deliberadamente autorizado a fugir.

Na tão alardeada e terrivelmente cara "Operação Snowcap", a DEA deveria ir para a selva boliviana e desmantelar os enormes laboratórios de cocaína. Desde o início, a "Operação Snowcap" foi uma farsa fraudulenta, aparentemente concebida para fazer o Congresso e o povo americano acreditar que a DEA estava a ter grande sucesso nesta guerra falsa. "A Operação Snowcap foi como a Guerra do Vietname. Os EUA não têm qualquer intenção de o ganhar. Não nos atrevemos; o jogo é demasiado importante. Esta falsa guerra das drogas está cheia de enganos, mentiras e hipocrisia. Em suma, é uma perda de tempo e de dinheiro dos contribuintes, um embuste cruel, totalmente inútil. Tal como o governo dos EUA estava disposto a sacrificar as vidas dos seus soldados no Vietname, sabendo que não tínhamos qualquer interesse em derrotar o inimigo, também o governo estava disposto a sacrificar as vidas de jovens agentes dedicados da DEA, muitos dos quais morreram no cumprimento do dever durante a Operação Snowcap.

O Tenente-Coronel Oliver North é há muito suspeito aos olhos de um membro do Senado dos EUA. A informação que tenho sobre as suas acções ao impedir uma operação de droga na Colômbia leva-me a acreditar ainda mais fortemente que o nosso governo não tinha qualquer intenção de ganhar a sua tão apregoada "guerra contra a droga".

Em várias das minhas monografias sobre drogas, falei extensivamente sobre o Cartel de Medellín e os barões da cocaína colombianos. A este respeito, correndo o risco de "publicidade", direi que tenho estado na vanguarda da divulgação do nome "Cartel de Medellín" e de todo o comércio colombiano de cocaína em geral.

Ao contrário da crença popular, a maior parte da cocaína não é processada na Colômbia, mas vem da Bolívia. Os números oficiais da DEA mostram que 97% da cocaína vem da Bolívia. A razão pela qual a Colômbia recebe toda a atenção é que os Bolivianos não são um povo violento e quase nunca deixam a Bolívia para vender. Se quiser comprar cocaína, tem de ir à Bolívia.

No caso envolvendo Oliver North, Bobby Seale, um agente profundamente infiltrado que tinha penetrado no cartel de Medellín, acreditava que o North estava de facto a subornar Daniel Ortega, líder dos sandinistas. Passou a informação para a DEA, que a deu ao Norte. O Norte teve uma oportunidade de ouro para pôr o seu dinheiro onde estava a sua boca. Em vez disso, optou por questionar a informação fornecida pela Seale, cuja história mostraria que era o agente infiltrado mais eficaz de sempre da DEA na Colômbia. O Norte disse então à DEA que queria que a Seale passasse dinheiro para os contras.

Nunca consegui imaginar porque é que o Norte queria retirar Seale do seu papel dinâmico; aqui estava um homem que estava realmente a travar uma guerra contra a droga pelo nosso lado. Quando Seale recusou ser destacado para o Norte, divulgou a história do Seale à imprensa. Qual foi o resultado? A melhor operação de DEA de sempre foi destruída e Seale foi assassinada por assassinos do cartel de Medellín, depois de ter sido despojada de protecção e o seu endereço tornado público por ordem de um juiz. Não acredita em mim? Desde a minha revelação, foi feito um filme em que a história é descrita exactamente como eu a descrevi 4 anos antes de Seale ter sido assassinado. Não desejo julgar o Tenente Coronel North, mas a fuga da história de Seale para os chacais dos media americanos é uma traição comparável à forma como o *New York Times* divulgou os nossos códigos de satélite para a União Soviética através de um dos seus jornalistas, Richard Burt. No mínimo, o Norte tem muitas explicações a dar. Na minha opinião, Norte é apenas um passo acima de um "saco de lixo", o termo de calão de rua para um informador. A morte de Bobby Seale foi uma perda muito grave. Sem as audiências Irão-Contra, este deplorável acontecimento provavelmente não teria sido relatado.

Na minha opinião, a "fuga" do Norte não foi um acidente e certamente não foi um incidente isolado. Este não é o único momento em que surgiram provas de que o nosso governo não está totalmente em guerra com as drogas. Num outro caso colombiano envolvendo o cartel de Medellín, um dos seus principais fornecedores bolivianos, Roberto Suarez, perdeu 850 libras de cocaína e dois dos seus principais capangas que foram presos numa rusga em Miami. Suarez tinha um rendimento de um milhão de dólares por dia, e isso era um rendimento constante a esse nível. Era mais o líder da Bolívia do que o seu presidente.

Figuras governamentais latino-americanas de alto nível têm aparecido repetidamente na documentação deste caso. Pouco depois da detenção de dois dos principais "diplomatas da droga" de Suárez, foi lançado o golpe mais aterrador contra o governo boliviano, que foi apoiado pela DEA e pela CIA. O golpe foi bem sucedido, custando milhares de vidas e fazendo da Bolívia o principal fornecedor de cocaína da Colômbia. Talvez seja por isso que as acusações contra os dois "diplomatas da droga" de Suárez detidos em Miami foram retiradas e a fiança do terceiro homem foi misteriosamente reduzida, permitindo-lhes regressar a casa no mesmo dia.

Lembre-se, estes não eram pequenos traficantes de droga como os da NBC Nightly News. Estes homens estavam no topo do cartel da droga, pelo que não houve qualquer problema em pagar qualquer fiança e sair dos Estados Unidos. Aqueles que têm uma fé injustificada no nosso governo e no nosso presidente podem gostar de acreditar que isto não foi mais do que um acidente, mas com centenas de casos semelhantes a correr mal, como podemos confiar no nosso governo? Aparentemente, não sou o único com suspeitas. O antigo Comissário das Alfândegas William von Raab disse uma vez que o seu departamento estava mais interessado em casos de contrabando de papagaios do que em perseguir os grandes traficantes de droga.

Von Raab era o alvo do veneno do congresso quando denunciou todo o governo mexicano como corrupto. Os factos e circunstâncias parecem apoiar as graves acusações de Von Raab. O México responde rotineiramente às acusações de que os seus altos funcionários estão envolvidos no tráfico de droga dizendo "dêem-nos provas para que possamos investigar as vossas acusações". Sempre que surge uma oportunidade de fornecer provas, forças misteriosas dentro do nosso governo intervêm e frustram a acção.

Um destes casos envolveu um certo Hector Alvares, membro do corpo de imprensa do ex-presidente Salinas de Goltari. Alvares e outro homem da frente, Pablo Giron, disseram a um agente infiltrado da DEA, fazendo-se passar por um grande comprador de cocaína, que poderiam arranjar com o governo mexicano para transportar carregamentos de cocaína boliviana através do México para os Estados Unidos. Isto foi durante as discussões preliminares de uma "compra" de cocaína de base boliviana. Giron disse que tinha uma linha directa para o General mexicano Poblana Silvo, que iria dar seguimento ao seu telefonema (de

Giron).

Giron disse a um agente da DEA (que jurou) que era muito próximo de Salinas de Gottari. Um informador da alfândega também jurou que lhe foi dito que Alvarez fazia parte de um serviço secreto encarregado de proteger o Presidente eleito Goltari. Nesta proposta particular de "compra", estavam envolvidas dezasseis toneladas de cocaína. Isto foi totalmente separado da Operação Snowcap. Durante as discussões no Panamá, Alfredo Duncan, o agente da DEA responsável no Panamá, informou uma série de agentes da DEA e da alfândega que o General Manuel Noriega era "um homem da DEA". Isto foi confirmado pelo menos três vezes em cartas de John Lawn, chefe do DEA em Washington.

Duas outras pessoas envolvidas com Alvarez foram os bolivianos Ramon e Vargas, que possuíam um laboratório de cocaína na Bolívia, produzindo regularmente 200 quilos de cocaína por mês. Eventualmente, o 'comprador' da DEA, um piloto contratado e um agente aduaneiro, ganhou a confiança dos bolivianos e foi convidado a inspeccionar as suas instalações nas profundezas da selva boliviana. O que encontraram deixou-os estupefactos e espantados.

Descobriram sete pistas capazes de manusear 747s, juntamente com laboratórios subterrâneos muito grandes e edifícios de apoio, um complexo espantoso, guardado por tropas fortemente armadas. O acordo em que estavam envolvidos envolveu a compra de 5.000 toneladas de cocaína. No entanto, em todos os anos em que a Snowcap esteve em funcionamento, a DEA não se tinha aproximado das instalações bolivianas.

Quando o agente secreto perguntou a Ramon e Vargas se não tinham medo da Operação Snowcap, eles simplesmente riram-se. Ramon e Vargas tinham boas razões para se encherem de hilaridade. A "Operação Snowcap" foi um pesadelo burocrático. Todo o equipamento errado foi enviado para a Bolívia, a maior parte inútil, e muitos outros "erros", de acordo com Vargas. Ninguém na Bolívia estava minimamente preocupado com a Operação Bombas de Neve. Os aviões atribuídos à Snowcap não tinham o alcance para chegar às instalações da selva e os poucos helicópteros eram totalmente inadequados para a tarefa. Este foi outro dos muitos "erros"?

Não creio que se trate de um simples erro burocrático. Da informação que recolhi, parece que estes "erros" foram sabotagem deliberada. Por um lado, o poder de fogo dos agentes da DEA não podia esperar igualar as capacidades militares da "Corporação".

Em 1988, a DEA gastou uma centena de milhões de dólares na Operação Snowcap. O que recebemos em troca? Cerca de quinze mil quilos de cocaína parcialmente processada!

Embora isto possa parecer muito, em comparação com a capacidade de produção da The Corporation, foi uma gota no balde. Lembre-se, os quinze mil quilos representaram menos de três meses de produção de cocaína boliviana. Porque não comprámos a cocaína a um preço muito mais baixo - o que poderíamos ter feito - como o agente secreto tinha implorado a todos em Washington que nos permitissem fazer?

A resposta é que a DEA recusou colocar dinheiro numa compra que não só teria rendido uma enorme quantidade de cocaína totalmente processada, mas também quatro dos principais líderes da "Corporação" boliviana. Teria também fornecido aos EUA as provas, que até agora lhe faltavam, do envolvimento do governo mexicano ao mais alto nível.

- Porque é que a DEA se recusou a pagar o dinheiro?

- Porque é que o assistente do advogado americano em San Diego se recusou a conceder uma escuta que teria levado ao general mexicano Poblano Silva, a quem Giron estava prestes a telefonar e a implicar numa compra maciça de cocaína?

- Porque é que o Procurador-Geral Edwin Meese chamou o Procurador-Geral mexicano para o avisar da próxima operação da DEA que teria implicado o General Poblano Silva num grande plano de distribuição de cocaína na Bolívia?

• O Comissário da Alfândega William von Raab demitiu-
se nojo do aviso telefónico do Meese - E a nossa
"guerra contra as drogas" na Colômbia?

Como é que os EUA se estão a sair neste país? A resposta é que
já fizemos muito pior na Colômbia do que em qualquer outro
lugar do mundo, apesar dos milhões de dólares derramados na
"guerra da droga" só naquele país. O Presidente G.H.W. Bush
não fez nada de significativo na Colômbia. A 25 de Fevereiro de
1991, o Presidente colombiano Cera Gaviria declarou que o seu
governo iria manter conversações de paz com os traficantes de
droga e os seus amigos terroristas.

As chamadas "iniciativas de paz" não são mais do que uma
capitulação total às exigências do senhor da droga colombiano.
Não se falará mais de extradição para os EUA. Este foi o
resultado de uma visita de cinco dias de Gaviria a Washington,
durante a qual a administração Bush aprovou a capitulação aos
barões da cocaína. Bush chamou ao plano "corajoso e heróico".
Os anos passados a recolher provas concretas contra os senhores
da droga são agora inúteis; foram comprometidos de tal forma
que nunca poderão ser utilizados em tribunal.

Bobby Seale, entre outros, morreu em vão. Com a aprovação da
administração Bush, os guerrilheiros M19 (terroristas das FARC
e ELN) e os seus chefes de cocaína controlavam completamente
33 delegados que trabalhavam numa nova constituição para a
Colômbia. No total, cerca de 77 delegados foram encarregados
desta responsabilidade.

Os barões da cocaína estão a gozar abertamente com a DEA e o
Serviço Aduaneiro dos EUA, e não é de admirar. Vão agora ter
um dia de campo na Colômbia, tendo pouco a temer do seu
impotente governo, quanto mais de Washington. Segundo uma
cópia do jornal *El Spectator* de 18 de Fevereiro de 1992, que
recebi e traduzi do espanhol, este jornal parece ser o único com
coragem suficiente para falar contra a capitulação de Gaviria e
Bush:

Sob a pressão da chantagem e do crime, o Estado abstém-se de exercer a sua responsabilidade fundamental de proteger a vida humana e concorda em negociar, um a um, os princípios jurídicos que sustentam a própria existência do Estado. A afirmação de Bush de vitória na inexistente "guerra da droga" é enganadora. Se o assunto não fosse tão sério, as estatísticas da administração seriam uma piada de mau gosto. Em Fevereiro de 2004, a administração Bush divulgou o relatório National Drug Control Strategy, preparado pelo novo chefe da Casa Branca, o ex-governador da Florida Bob Martinez. Martinez conseguiu o emprego depois de William Bennett ter perdido a sua guerra com o Procurador-Geral Thornburgh. Este é apenas mais um dos milhares de casos de trabalho para os camaradas.

O antigo Governador John Ellis Bush (Jeb Bush), filho de G.W.H. Bush e irmão de George W. Bush, fazia parte do pessoal do antigo Governador Martinez como Secretário do Comércio. Jeb Bush teve de facto grandes problemas, que nunca surgiram. O seu nome na venda de cocaína ao governo nicaraguense estava no relatório que o Tenente Coronel North não acreditava - e conseguiu encobrir. O documento profundamente falho de Bush está cheio de estatísticas fraudulentas. Os agentes da DEA chamaram-lhe, em privado, "lixo total".

Quando John Lawn ainda era chefe da DEA, ele e os seus agentes divertiram-se muito com a declaração de Reagan de que a guerra contra a droga "virou uma esquina". John Lawn desapareceu, mas a memória do descalabro perdura. A administração Bush apontou com orgulho os 65 milhões de dólares de ajuda de emergência concedidos à Colômbia pela sua "guerra contra a droga".

O Major General Miguel Gomez Padilla da Polícia Nacional da Colômbia disse que o material enviado era o errado e que a ajuda era adequada para a guerra convencional, mas totalmente inútil "no tipo de guerra que estamos a travar".

Poderá a América ser assim tão estúpida? Não me parece. É mais provável que o que aconteceu com o pacote de ajuda colombiana tenha sido um acto de sabotagem deliberadamente planeado.

Após vinte anos de experiência na guerra da droga colombiana, imagina-se que o nosso governo teria acumulado conhecimentos suficientes para saber que tipo de equipamento é necessário. Os relatórios de estratégia de drogas não forneceram qualquer informação sobre a disponibilidade das drogas, nem sobre o número de utilizadores confirmados. Também não abordaram a questão mais crucial de todas, nomeadamente a perseguição do utilizador, que os agentes da DEA há muito vêm defendendo como a táctica mais provável de sucesso.

Não admira que o governo dos EUA não esteja a dizer muito sobre o enorme aumento do consumo de drogas! Com a marijuana agora a principal cultura de dinheiro em 37 estados, como é que este "negócio" vai ser parado? Será interessante ver o que acontece quando a marijuana sem sementes, potente e de alta qualidade chamada 'sinsemellia' começa a ser cultivada nos EUA.

Enquanto o preço da cocaína exceder o do ouro ($5.000 por quilo) e o preço da heroína for seis vezes superior ao de um peso equivalente de ouro, será impossível erradicar o comércio da droga, pelo menos se a corrupção no topo se espalhar pelas fileiras das agências da droga.

A DEA está repleta de conflitos. Criado em 1973 pelo Presidente Nixon para evitar o conflito entre o Departamento de Narcóticos e Drogas Perigosas e o Departamento das Alfândegas, há hoje mais ciúmes e conflitos entre as Alfândegas e a DEA do que nunca. O moral é inexistente. Para onde vamos a partir daqui? Não que outra remodelação faça qualquer diferença. Até que o problema seja abordado de cima para baixo, todos os esforços para conter o fluxo de drogas para os Estados Unidos irão vacilar e falhar. Para uma verdadeira guerra, é preciso atingir as pessoas nos escritórios mais altos do país, e atingi-las com força. Não faço ideia de quem será suficientemente corajoso para assumir esta tarefa, mas precisamos certamente de um líder destemido.

A administração perdeu o controlo; não sabe a extensão do problema da droga no país. A Drug Abuse Warning Network relata que as overdoses não estão a diminuir, como afirma a administração Bush; não foram relatadas porque os orçamentos hospitalares foram de tal forma reduzidos que não há dinheiro para contratar o pessoal necessário para controlar os casos de overdose.

E quanto ao Panamá, desde o rapto do General Noriega que o território se tornou seguro para o comércio de drogas? Recordo que em 1982 informei que o Banco Nacional de Panamá tinha aumentado o seu fluxo de dólares em quase 500%, de acordo com estatísticas fornecidas pelo Departamento do Tesouro dos EUA. Só nesse ano, cerca de 6 mil milhões de dólares de dinheiro não declarado fluíram dos Estados Unidos para o Panamá. As minhas fontes dizem que desde o rapto do General Noriega, o Banco Nacional de Panamá atingiu um nível recorde de fluxo de caixa. Isto deveria ter preocupado a administração Bush, mas tem havido poucos, ou nenhuns, sinais de preocupação por parte da Casa Branca.

A estrutura bancária do Panamá foi criada por Nicolas Ardito Barletta. Barletta era aceitável porque anteriormente dirigia o Marine and Midland Bank, que foi tomado pelo banco do banqueiro de droga, o Hong Kong e o Shanghai Bank. Barletta tem toda a experiência necessária para lidar com quantidades muito grandes de dinheiro da droga. Foi quando Noriega antagonizou Barletta que a administração Bush se propôs a livrar-se do general.

Em nome falso de "comércio livre", assistimos a um aumento alarmante do volume de drogas disponíveis nos Estados Unidos. A cocaína nunca foi tão barata como é hoje e nunca esteve tão prontamente disponível. Um dos mais importantes promotores do "comércio livre" é a Sociedade Mont Pelerin. É muito lamentável que tantos patriotas de direita ainda estejam a ser seduzidos por esta organização.

Não pretendo saber as respostas para a terrível ameaça que o comércio da droga representa. O que sei é que algo urgente e radical terá de ser feito, porque mesmo quando escrevo este livro, forças poderosas estão a tentar persuadir o povo americano de que a solução para o problema da droga é legalizá-lo. Não acredito nisso nem por um momento. A legalização do uso de drogas irá transformar a América numa nação de toxicodependentes, tal como a British East India Company transformou os chineses numa nação de viciados em ópio. Afinal, são os descendentes da British East India Company e dos seus parceiros ianques de sangue azul que dirigem o espectáculo. Quanto à "guerra das drogas", nunca aconteceu. Sempre foi, e sempre será, uma guerra falsa contra a droga.

Panama Under Siege é a mais importante exposição de cima para baixo do tráfico de droga que já escrevi. Infelizmente, não tem recebido a atenção que merece, provavelmente porque o título diz pouco sobre o seu conteúdo. Se precisar de convencer que a guerra das drogas de Bush foi uma guerra falsa, leia o capítulo seguinte. Descobrirá que a guerra contra a droga no Panamá é inexistente, tal como acontece aqui nos Estados Unidos. O Departamento de Estado dos EUA tem o seu próprio serviço de informação sobre drogas.

Periodicamente, emite relatórios brilhantes sobre os resultados da "guerra contra a droga". O relatório do Departamento de Estado sobre o Panamá é típico da hipocrisia da administração Bush. No seu relatório, o Departamento de Estado indica quais as nações que foram "certificadas" como combatentes da droga, e estas nações recebem então fundos do governo dos EUA para este fim. Mais recentemente, o Panamá foi "certificado" como uma nação de combate à droga e tem, portanto, direito a uma esmola dos EUA. A verdade é que, desde a remoção forçada do General Noriega, o Panamá tem sido um refúgio para os traficantes de droga e os seus bancos de lavagem de dinheiro. No entanto, o texto do Departamento de Estado afirma que

> "nos anos que se seguiram à acção militar que depôs o General Noriega, Panamá, juntou-se ao esforço internacional de luta contra a droga".

O governo de Endara tomou medidas significativas contra o branqueamento de capitais, fez apreensões de drogas recordes e celebrou importantes acordos de controlo de drogas com o governo dos EUA.

Isto é um disparate total, puro e simples. Este relatório altamente falho prova que a guerra de Bush contra a droga não vale nada, e torna-se ainda mais óbvio que é uma mentira quando se considera que durante anos, nada foi feito para impedir o tráfico de droga e a refinação de heroína síria no Vale de Bekka, no Líbano, até há alguns anos atrás, na sequência de queixas de Israel - não relacionadas com o tráfico de droga mas com questões de segurança - as tropas sírias deixaram o Vale de Bekka.

# Capítulo 4

## Panamá sob cerco

Para compreender plenamente o que está a acontecer no Panamá - uma região vital para a segurança nacional e os interesses comerciais dos Estados Unidos da América - precisamos de regressar ao comércio de drogas centrado em Hong Kong. Desde que os britânicos fizeram de Hong Kong um ponto de transbordo para a heroína, a cidade assumiu uma importância que desmente a sua imagem mais conhecida como um centro televisivo e têxtil.

Se Hong Kong fosse apenas um centro comercial normal, o mercado do ouro não estaria a florescer. Mas as antigas famílias aristocráticas e oligárquicas de Inglaterra fizeram fortuna ao transportar ópio de Bengala para a China. E o pagamento foi sempre em ouro.

Os britânicos e as suas antigas famílias de Estabelecimentos liberais interligados no Leste americano, e a sua rede de veneráveis escritórios de advocacia de Wall Street, bancos, corretores familiares e casas de investimento, fizeram o mesmo aos EUA que fizeram à China e, em menor medida, ao mundo ocidental. À medida que o "comércio" de cocaína dos EUA começou a ultrapassar o da heroína, o Panamá tornou-se a primeira zona bancária de porto seguro do mundo, um porto seguro para as enormes ondas de entrada de dinheiro em circulação.

A multidão de Hollywood fez da cocaína uma "droga recreativa" e popularizou o seu uso, tal como tinham elogiado o whisky de contrabando durante os "Roaring Twenties" em relatos fictícios da moda para beber a cerveja Bronfman que fluía do Canadá para os Estados Unidos. Os barões do licor de outrora tornaram-se os barões da droga de hoje. Nada mudou muito, excepto que os mecanismos de distribuição e ocultação se tornaram muito mais sofisticados. Acabaram-se as metralhadoras Thompson, acabaram-se os mafiosos barulhentos em roupas extravagantes que nos fariam corar. Tudo isso desapareceu - hoje é a imagem de elegância nas salas de reunião e nos clubes exclusivos de Londres, Nova Iorque, Hong Kong, Las Vegas e nos bares de Nice, Monte Carlo e Acapulco. A oligarquia mantém sempre uma distância discreta dos seus servidores da corte; intocáveis, serenos nos seus palácios e poder.

O protocolo ainda lá está, assim como os assassinatos. A máfia da cocaína ainda tem o hábito de "executar", ou seja, de assassinar à sua maneira única, aqueles que acreditam tê-los traído. A vítima é despida da sua roupa interior, com as mãos atadas, vendada e alvejada no lado esquerdo da cabeça. Esta é a "marca registada" dos assassinos de cocaína; um aviso aos outros para não tentarem fugir com o seu dinheiro ou drogas, ou para entrarem no negócio por si próprios. Os espertos que conseguem escapar à bala do assassino são simplesmente denunciados às autoridades.

A maior parte do que passa por "bustos de droga" vem da informação dada pelos grandes traficantes de droga para pôr fora do negócio os novos e independentes. A protecção de alto nível nem sempre funciona quando os "chefes" são assaltados, como descobriu o filho de 25 anos do General Ruben Dario Paredes, antigo chefe da Guarda Nacional do Panamá e inimigo declarado do General Manuel Noriega, que acabou numa cova na Colômbia "vestido" por assassinos de cocaína, com um buraco de bala na sua têmpora esquerda.

Nem mesmo a posição do seu pai o pode proteger da ira dos patrões do cartel da cocaína. Com o governo chinês a pressionar fortemente para uma fatia maior da tarte de ópio/heroína e a exigir um maior controlo do lucrativo comércio de ouro e ópio de Hong Kong, os controladores britânicos de alto nível começaram a promover o Panamá como uma "alternativa" para as suas operações bancárias. O Panamá nunca irá substituir Hong Kong; na realidade, Hong Kong controla o comércio de ópio e heroína, enquanto que o Panamá controla o comércio de cocaína, mas os dois sobrepõem-se em grande medida.

Os leitores devem compreender do que estou a falar aqui. Não estou a falar de empresas que não estão à altura das expectativas, não estou a falar de empresas que por vezes fazem grandes perdas como a "simpática" General Motors, por exemplo. Não, estou a falar de uma entidade gigante que faz sempre lucros enormes, ano após ano e nunca desilude os seus "investidores".

Em 2007, o comércio de drogas offshore ultrapassou os 500 mil milhões de dólares por ano e está a crescer todos os anos. Em 2005, o valor foi estimado pela DEA em 200 mil milhões de dólares, o que não é uma má taxa de "crescimento" para um "investimento" relativamente pequeno. Esta enorme quantidade de dinheiro continua fora das leis de todos os países ao atravessar impunemente as fronteiras internacionais. O comércio de drogas é conduzido de uma forma "contrabandeada"?[3] Os homens de aspecto sinistro viajam com malas cheias de notas de 100 dólares?

Fazem-no em raras ocasiões, mas o comércio da droga só pode ter lugar com a cooperação voluntária e deliberada dos bancos internacionais e das instituições financeiras suas aliadas. É tão simples quanto isso. Fechem os bancos de droga, e o comércio de droga começará a secar à medida que as agências de aplicação da lei atacam os senhores da droga forçados a abrir as portas porque são obrigados a utilizar métodos alternativos desesperados e, para eles, perigosos. Por outras palavras, fechar os buracos dos ratos e será mais fácil de se livrar dos roedores. Embora seja gratificante ver, como fazemos de tempos a tempos, que são feitas detenções relacionadas com drogas e grandes quantidades de droga são apreendidas pelas autoridades, isto é apenas uma gota no balde em comparação com o volume total.

---

[3] "Contrabando" ou "Comércio clandestino", Ndt.

São o resultado de informações sobre concorrentes 'não registados'. Tais "acertos" são muito menos do que a proverbial ponta do iceberg. E graças aos seus sistemas de inteligência privados, que são frequentemente muito mais sofisticados do que os da maioria dos países pequenos, os grandes senhores da droga e os seus banqueiros estão geralmente vários passos à frente da aplicação da lei.

A forma de combater com sucesso a ameaça da droga, que representa um perigo maior para a civilização do que a Peste Negra da Idade Média, é através dos lobbies marmorizados e dos lobbies bancários do mundo maravilhosamente decorados. Abordamos o problema do ponto de vista mais difícil. Tentamos apanhar os operadores, e não os financeiros. Os bancos britânicos controlam há séculos os bancos de droga offshore, tal como controlavam o comércio de diamantes e ouro, ambos intimamente ligados ao comércio de heroína.

Foi por isso que a Rainha Vitória enviou o exército mais poderoso do mundo na altura (1899) para esmagar as duas pequenas repúblicas bôeres da África do Sul, simplesmente para ganhar o controlo do seu ouro e diamantes, que Lord Palmerston, Sir Alfred Milner e Joseph Chamberlain viam como uma excelente forma de financiar os seus negócios sem ser capaz de rastrear a fonte dos pagamentos. É ainda o meio pelo qual o comércio de heroína em Hong Kong é largamente financiado. Afinal de contas, o ouro e os diamantes são impessoais.

Isto explica porque é que a Rainha Elizabeth estava mais frequentemente em loggerheads com a Sra. Thatcher sobre questões políticas. A Rainha queria acabar com o governo sul-africano e com a sua postura anti-droga. A Rainha queria enviar um Sr. Furhop para dirigir as coisas lá, como ele faz para ela na Rodésia (agora Zimbabué). Furhop é o verdadeiro nome do seu mensageiro, mais conhecido como 'Tiny' Rowland, que dirige o gigante conglomerado LONRHO do qual ela é a principal accionista através de Angus Ogilvie, o seu primo em primeiro lugar. De certa forma, tanto a África do Sul como o Panamá foram sitiados pelas mesmas razões.

Os sul-africanos estavam a impedir a aquisição do seu tesouro de ouro e diamantes pela aristocracia oligárquica e, no caso do Panamá, o seu precioso sigilo bancário estava a ser dilacerado pelo General Noriega. Os poderes que estão prestes a deixar que estes reveses os derrubem! Para dar uma ideia do que está em jogo no Panamá, a DEA estima que cerca de 350 milhões de dólares por dia mudam de mãos através de transferências bancárias por teletipo. Isto é conhecido como "dinheiro interbancário". Aproximadamente 50% do dinheiro interbancário provém do comércio de droga e vai para as Ilhas Caimão, Bahamas, Andorra, Panamá, Hong Kong e os bancos suíços que gerem este vasto fluxo de dinheiro. Como consequência do comércio de droga, temos de enfrentar o fardo das "taxas de câmbio flutuantes".

Este efeito desestabilizador foi causado pelo enorme volume de dinheiro, que o nosso sistema não foi concebido para tratar; não há maneira de as taxas de câmbio fixas poderem tratar a vasta e rápida transferência de dinheiro sob paridades fixas em todo o mundo num dia. Os "economistas" venderam-nos falsas promessas quando aprovaram a política de taxas de câmbio "flutuantes", e inventaram todo o tipo de jargão económico para esconder a verdadeira razão, nomeadamente o enorme fluxo de dinheiro sujo!

Com uma grande parte deste dinheiro a circular no Panamá, era necessário ter um activo no Panamá em que se pudesse confiar para manter o mais rigoroso sigilo bancário. A DEA estima que só dos EUA desaparecem 3 mil milhões de dólares por ano e acabam no Panamá. Os irmãos Coudert, os "advogados da máfia" do estabelecimento liberal oriental, foram trabalhar na pessoa de Sol Linowitz, um mensageiro de confiança dos "Olimpíadas". Criou o General Omar Torrijos e apresentou-o e vendeu-o ao povo americano como um "nacionalista panamenho". O seu selo "made by David Rockefeller" foi cuidadosamente escondido da grande maioria do povo americano.

Graças à traição dos funcionários do CFR esgotados no Senado, homens como Dennis De Concini e Richard Lugar, o Panamá passou para as mãos do General Torrijos a um custo de milhões para o contribuinte americano. Mas Torrijos, como tantos outros mortais, logo esqueceu quem era o seu "criador", e os deuses do Olimpo foram forçados a retirá-lo de cena. Torrijos foi devidamente assassinado em Agosto de 1981. Aparentemente foi morto num acidente de avião, o que é muito semelhante ao tipo de "acidente" que ocorreu ao filho de Aristóteles Onassis.

O que aconteceu foi que uma pessoa ou pessoas desconhecidas mudaram a mecânica das abas das asas, de modo que quando foram baixadas para uma aterragem, voaram de facto o avião para cima. Torrijos foi originalmente seleccionado por Kissinger, como estamos habituados a fazer. Quando começou a levar a sério o seu papel de "nacionalista" panamenho em vez do fantoche que lhe tinha sido atribuído, teve de partir. Kissinger foi nomeado para chefiar o Comité Bipartidário do Presidente para a América Central, outra das promessas quebradas de Reagan. Isto reforçou o seu domínio sobre o Panamá, ou assim pensava ele.

Devemos olhar para o Panamá através dos olhos do cavalo de Tróia, ou seja, devemos olhar para a América Central como o plano dos Andes de Kissinger o viu, um terreno de caça para milhares de tropas dos EUA. As ordens de Kissinger eram para iniciar outra "Guerra do Vietname" na região. O Panamá foi central para o plano. Mas Torrijos tinha outras ideias. Queria juntar-se ao grupo Contadora, que procurava trazer estabilidade e soluções para a pobreza na região através do progresso industrial real. Agora, não estou comprometido com as Contadoras; há muitas áreas em que divirjo delas. Mas não se pode negar que os Contadoras, em geral, estão empenhados em combater a economia da droga planeada para a América Central, à semelhança da economia ganja na Jamaica.

Esta ideia de "comércio livre" é apoiada pelos membros da Sociedade Mont Pelerin, incluindo a Venezuelana Cisneros e a Fundação Venetian Cini. Por esta razão e por ameaçar denunciar o sistema bancário Rockefeller no Panamá, Torrijos foi "permanentemente imobilizado", o que significa "assassinado" em linguagem de serviço secreto.

Como disse anteriormente, não estamos a falar de pequenos traficantes de droga ou traficantes de rua, que Hollywood gosta de retratar como o tráfico de droga. Estamos a falar de grandes bancos e instituições financeiras; estamos a falar de pessoas em lugares altos; estamos a falar de nações que apoiam e abrigam os senhores da droga, países como Cuba; e estamos a falar de uma organização tão forte e poderosa que pôs de joelhos um país inteiro, a República da Colômbia.

Vou escrever sobre a cumplicidade do Departamento de Estado norte-americano em obstruir a guerra contra a droga. Escreverei sobre a resposta incrivelmente estúpida de Nancy Reagan "Basta dizer não" a esta ameaça. Em comparação com o que está a acontecer hoje, o volume de heroína que fluiu através da Ligação Francesa foi uma questão de pequena mudança. No entanto, nunca devemos perder de vista o facto de que o ex-presidente Richard Nixon foi o único presidente a abordar com firmeza a ameaça da droga para os Estados Unidos. Pela sua insolência em combater o tráfico de droga de cima para baixo, foi afastado do cargo, desonrado, ridicularizado e humilhado pelo esquema Watergate, como lição e aviso para aqueles que seguiriam o seu exemplo. Em comparação, a "guerra contra as drogas" do Presidente Reagan foi um mero toque de pulso! O "Círculo de Insiders", que fundou o Instituto Real para os Assuntos Internacionais, não mudou a sua direcção. É preciso repetir que o comércio da droga é firmemente controlado pelos descendentes e famílias casados que constituem a filiação desta sociedade secreta interior, que podem seguir a sua linhagem até aos Lordes Alfred Milner, Gray, Balfour, Palmerston, Rothschild e outros no topo da pirâmide social da América.

Os seus bancos e os bancos dos EUA não são pequenos fritos. Na realidade, os pequenos bancos foram ou estão a ser eliminados com a ajuda, voluntária ou não, do Departamento do Tesouro dos EUA. Isto é particularmente evidente na Florida, onde, a partir de 1977, grandes bancos como o Standard e Chartered Bank, Hapolum Bank, bem conhecidos pelo seu envolvimento na lavagem de dinheiro sujo da droga, se mudaram para a Florida, onde a "acção" se encontra. Os "grandes" começaram então a denunciar os pequenos bancos utilizados pelos pequenos comerciantes independentes de cocaína. Lembre-se, os monopólios da droga têm a sua própria rede de inteligência muito eficaz. O Tesouro foi atrás dos pequenos bancos, mas deixou os grandes em paz. Quando os grandes bancos são apanhados, o que já aconteceu algumas vezes, são tratados com a maior clemência. Isto é ilustrado pelos casos do Credit Suisse em Genebra e do First Bank of Boston. O banco mais venerável de Boston foi apanhado a lavar dinheiro da droga em colaboração com o Credit Suisse. Foram apresentadas cerca de 1.200 acusações separadas contra a First National. O Departamento de Justiça consolidou os encargos num só, e o banco recebeu uma pequena bofetada no pulso com uma multa de apenas 500 dólares! Credit Suisse não foi processado pelo Departamento de Justiça nem pelo Tesouro! Credit Suisse continua a ser um dos maiores e mais eficazes bancos de lavagem de dinheiro depois do American Express - os "intocáveis" do mundo bancário.

Outros grandes bancos envolvidos no lucrativo comércio de dinheiro sujo da droga foram o National Westminster, Barclays, Midlands Bank e o Royal Bank of Canada. O Royal Bank of Canada e o National Westminster Bank foram os principais banqueiros de droga dos senhores da droga nas ilhas das Caraíbas, como parte da tão apregoada "Caribbean Basin Initiative" de David Rockefeller. Através do FMI, Kissinger ordenou à Jamaica que cultivasse ganja (marijuana) de "livre iniciativa", que é agora responsável pela maior parte das receitas em divisas da Jamaica. O mesmo aconteceu na Guiana, e foi por isso que Jim Jones se mudou para lá - excepto que Jones não estava ciente do verdadeiro propósito dos seus manipuladores. Numa experiência maciça de lavagem cerebral do tipo Vacaville, Jones nunca alcançou o seu objectivo. Morreu na total ignorância de quem estava a puxar os cordelinhos.

A Jamaica é apenas um dos países que vivem do dinheiro da droga. Quando era chefe da Jamaica, Edward Seaga disse descaradamente aos jornais americanos, incluindo o *Washington Post*, que, quer seja aceite ou não, "a indústria, enquanto tal, está aqui para ficar". Simplesmente não pode ser erradicada. Não tenho nada contra a frase "aqui para ficar". Usando "música" de rock and roll como veículo para a propagação de "drogas recreativas" e protegido ao mais alto nível, o comércio de drogas parece de facto destinado a permanecer.

Isto não quer dizer que não possa ser eliminado. Os primeiros passos de um programa de erradicação seriam, na minha opinião, atacar os seus principais bancos e aprovar uma lei tornando a venda de música rock and roll em todas as suas formas - cassetes, discos, etc. e a promoção de concertos de rock - uma infracção penal punível com pesadas penas de prisão.

Uma das repercussões da "guerra dos moedores de carne" entre o Irão e o Iraque tem sido um surto na venda de heroína da qual deriva a morfina diacetil. A maior parte das receitas deste comércio encontrou o seu caminho para os bancos panamenses, a "sobreposição" com Hong Kong que mencionei anteriormente.

Existem oficialmente 2,6 milhões de viciados em heroína no Irão, 1,5 milhões dos quais estão no exército, onde os soldados viciados podem obtê-la a pedido. Recorde-se que a oligarquia britânica tentou a mesma operação durante a Guerra entre os Estados, a Guerra Civil, mas não foi bem sucedida. O dinheiro da heroína não só alimentou a Guerra do Golfo, como também alimenta as roupas dos "combatentes da liberdade", um termo utilizado por George Shultz para descrever os assassinos do Congresso Nacional Africano (ANC), os separatistas bascos (ETA), o Exército Republicano Irlandês (IRA), o movimento separatista sikh, os curdos, etc. Os fundos da venda de ópio e cocaína são canalizados para estas organizações terroristas através do Conselho Mundial de Igrejas.

Do acima exposto, é claro porque é que o Panamá é tão importante para as forças supranacionais de um mundo. O sistema bancário do Panamá foi criado por David Rockefeller para ser um conveniente depositário bancário para dinheiro do comércio de drogas. O Panamá foi designado como centro bancário para a cocaína, enquanto Hong Kong continuou a ser o centro para a heroína e o ópio. O sistema bancário do Panamá foi reestruturado de acordo com o plano de Rockefeller por Nicholas Ardito Barletta, antigo director do Banco Mundial, e director do Marine Midland Bank, que foi assumido pelo rei dos bancos de droga, o Hong Kong e o Shanghai Bank, Barletta foi aceite devido à sua imagem "respeitável" e à sua experiência no manuseamento de grandes quantidades de dinheiro da droga. Em 1982, o Departamento do Tesouro estimou que o Banco Nacional de Panamá tinha aumentado os seus fluxos de dólares em quase 500% entre 1980 e 1984. Cerca de 6 mil milhões de dólares em dinheiro não declarado fluiram dos EUA para o Panamá só nesse período de quatro anos.

O ex-presidente peruano Alan Garcia, que travou uma guerra total contra os senhores da droga, dirigiu-se às Nações Unidas a 23 de Setembro de 1998 sobre este assunto e enumerou os sucessos e vitórias do Peru na guerra contra a droga. Prosseguiu, dizendo:

> Então podemos perguntar à administração americana, se o fizemos em cinquenta dias, o que está a fazer pelos direitos humanos do indivíduo que está em colapso na Grand Central Station e em tantos outros lugares, e quando irá lutar legalmente e cristianamente para erradicar o consumo?

A resposta da Sra. Nancy Reagan foi "Basta dizer não", mas isso não é uma resposta à acusação implícita do Presidente Garcia de que os Estados Unidos estão a fazer muito menos do que podem para erradicar o flagelo das drogas. No entanto, muitos dos chamados "economistas" ainda apelam à legalização deste comércio vil, em nome do "comércio livre".

Entre eles está Diego Cisneros que é membro da Sociedade Mont Pelerin, uma organização chamada conservadora que promove a teoria do "comércio livre". Após o assassinato de Omar Torrijos em Agosto de 1961 (ele foi assassinado porque escolheu ignorar as ordens de Henry Kissinger e mostrou fortes sinais de agir sozinho), o General forte Rueben Paredes assumiu o controlo do Panamá. Mas em Fevereiro de 1981, errou ao ameaçar expulsar o embaixador dos EUA do Panamá por interferir nos assuntos internos do país. Kissinger entregou uma mensagem a Paredes.

Numa espantosa "cara sobre", o General Paredes começou subitamente a apoiar o plano andino de Kissinger para transformar a América Central noutro Vietname para os militares norte-americanos, abandonando o seu apoio às políticas de Contadora. Embora tivesse muitas falhas, o Grupo Contadora estava fundamentalmente consciente do "cavalo de Tróia" de Kissinger na América Central, e trabalhou para evitar que se desenvolvesse na região um conflito semelhante ao do Vietname. Henry Kissinger e o Departamento de Estado norte-americano tinham anteriormente promovido Paredes como um "nacionalista panamenho, um firme amigo anticomunista da América".

Durante uma visita patrocinada por Kissinger a Washington D.C., Paredes foi escoltado pelo próprio Kissinger. Seis meses após o assassinato de Torrijos, o General Paredes tomou o comando da Guarda Nacional. Posteriormente, Paredes elogiou abertamente os terroristas das FARC colombianas e sabotou os esforços de Contadora para alcançar uma solução pacífica para os problemas da região. Ele também se esforçou muito para cultivar a amizade de Anulfo Arias, que o *Washington Post*, o *New York Times* e, surpreendentemente, o Senador Jesse Helms, retrataram como o legítimo herdeiro da liderança do Panamá, cuja posição foi alegadamente usurpada pelo General Noriega. Curiosamente, durante as audiências do Tratado do Canal do Panamá, os chacais dos media nada disseram sobre a usurpação por parte de Torrijos da posição "legítima" de Anulfo Arias! Havia muitos disparates sobre Arias ser um "nazi" e por isso indigno de liderar o Panamá. Este tipo de propaganda anti-alemã não merece comentários.

Apesar da execução implacável do seu filho de 25 anos e de dois outros "parceiros comerciais" panamenses por assassinos que trabalham para os clãs Ochoa e Escobar, ao estilo da máfia da cocaína, Paredes permaneceu leal aos senhores da droga e à sua rede bancária. A perda do apoio panamenho foi um golpe para as aspirações dos Contadoras. Significou que o Panamá permaneceria um centro "aberto" para o financiamento da venda de armas à região, incluindo as fornecidas por Israel ao abrigo de um acordo entre a liderança local e o falecido Ariel Sharon, um antigo parceiro comercial da Kissinger.

Para além das ameaças pelas quais Kissinger é conhecido, o FMI desempenhou um papel na chantagem de Paredes. As minhas fontes dizem-me que Kissinger fez saber que o acordo de stand-by do FMI para reestruturar a dívida de 320 milhões de dólares do Panamá poderia não ser válido se Paredes caísse com o seu mestre. Paredes "recebeu a mensagem". O FMI começou imediatamente uma luta com o General Noriega, que disse ao povo panamenho num discurso televisivo a 22 de Março de 1986 que o FMI estava a estrangular o Panamá.

O Presidente Eric Delville apoiou infelizmente as medidas de austeridade do FMI, que foram concebidas para enfraquecer o apoio sindical à Noriega. A federação sindical CONATO começou então a ameaçar romper com o General Noriega, a menos que os ditames do FMI fossem ignorados.

O General Manuel Noriega, enquanto ainda Coronel Noriega, era o chefe do gabinete anti-narcóticos do Panamá e lutou durante dez anos para manter a Guarda Nacional do Panamá livre da corrupção que segue o dinheiro da droga tão seguramente como o dia segue a noite. Com as famílias Ochoa e Escobar praticamente no controlo do Panamá, esta não foi uma tarefa pequena. A guerra da droga de Noriega é confirmada por John C. Lawn, chefe da Agência de Luta contra a Droga (DEA). A relva não era conhecida por fazer discursos floreados ou escrever cartas de felicitações. A sua carta ao General Noriega é, portanto, ainda mais notável pelo seu incansável elogio.

Segue-se um extracto da carta, que é representativo da forma e do estilo em que é escrita:

> *Gostaria de aproveitar esta oportunidade para reiterar o meu profundo apreço pela vigorosa política antidroga que adoptaram, que se reflecte nas numerosas expulsões de traficantes acusados do Panamá, nas grandes apreensões de cocaína e produtos químicos precursores que tiveram lugar no Panamá, e na erradicação do cultivo da marijuana em território panamenho.*

Nem o *Washington Post* nem o *New York Times* acharam por

bem reimprimir este elogio de um jornal no Peru. Voltarei mais tarde ao tema da DEA e John C. Lawn, devido à sua importância central.

A única coisa que o *Washington Post* fez para contrariar este belo testemunho foi publicar as inverdades do seu chamado "perito em inteligência", Seymour Hersh, que escreveu um artigo no qual afirmava que o General Noriega era um "agente duplo" para a CIA, alimentando-o com informações que recebia de Cuba. Este é um estratagema bem conhecido dos verdadeiros especialistas em inteligência. O objectivo destas "revelações" seria incitar os assassinos dos serviços secretos cubanos da DGI a assassinar o General Noriega sob o pretexto de que ele tinha "duplicado Cuba". Isto desviaria a atenção do bando dos Kissinger-banker se a tentativa de assassinato fosse bem sucedida. A informação e as contas de Hersh têm sido frequentemente menos do que precisas e a "revelação" de Noriega deve ser vista pelo que foi: um possível cenário para uma tentativa de assassinato do General Noriega.

Noriega ripostou com todos os escassos recursos à sua disposição. Mas é de notar que qualquer acção contra o tráfico de droga é perigosa.

O Panamá é um exemplo do tipo de contra-acção que um poderoso inimigo é capaz de montar. Nas Caraíbas e no Panamá, as forças antidroga foram confrontadas por um consórcio constituído pela firma de advogados Coudert Brothers na pessoa de Sol Linowitz. Outros membros do consórcio incluíam Fidel Castro, David Rockefeller, Henry Kissinger e o Fundo Monetário Internacional (FMI), bem como alguns dos principais bancos e o Departamento de Estado dos EUA. O plano andino de Kissinger foi frustrado pelo General Noriega e ele ficou debaixo de fogo pela sua postura anti-droga. O resultado do caso do Panamá era previsível. A Iniciativa da Bacia das Caraíbas de Rockefeller equivalia a entregar um império de droga no valor de pelo menos 35 mil milhões de dólares por ano a Fidel Castro, que não tinha qualquer intenção de desistir sem lutar.

Na Colômbia, David Rockefeller e Kissinger criaram um "estado dentro de um estado", onde Carlos Lederer - até à sua prisão - era um chefe dos clãs Ochoa e Escobar que governavam praticamente todo o país. No centro de Bogotá, metade dos magistrados da cidade foram executados pelo exército privado de guerrilheiros da droga do MI9, também conhecido como as FARC.

A agressão foi um acto de pura anarquia que deixou a Colômbia num estado de medo entorpecido. O que estava por detrás desta actividade frenética, que foi realmente uma revolução? Era simplesmente dinheiro, ondas e vagas dele, fluindo para para paraísos offshore nas Caraíbas e Panamá. A DEA estima que só a Colômbia acumulou 39 mil milhões de dólares em dinheiro entre 1980 e 2006. A DEA e o Tesouro acreditavam que o Panamá se tinha tornado a capital bancária do mundo da cocaína, e eu não tenho nada contra essa avaliação. Em 1982, o Departamento do Tesouro informou que o Banco Nacional do Panamá se tinha tornado a principal câmara de compensação de dólares da droga, com um aumento de seis vezes no seu fluxo de caixa entre 1980 e 1988.

O Panamá, até à chegada do General Noriega ao poder, era também o local de encontro preferido dos chefes do tráfico de droga. Lopez Michelson, que se ofereceu para pagar a dívida externa da Colômbia com as receitas da cocaína se o governo colombiano "legalizasse" a posição das famílias da droga, operou livremente a partir do Panamá, onde se encontrou frequentemente com Jorge Ochoa e Pablo Escobar. Estes proeminentes membros do cartel colombiano da droga eram conhecidos por terem feito um acordo com Rodrigo Botera Montoya, Ministro das Finanças colombiano de 1974 a 1976, que estabeleceu uma "janela aberta" no Banco Central, onde os dólares da droga podiam ser trocados livremente e abertamente sem quaisquer problemas com as autoridades. Esta "janela" nunca foi fechada! É mais conhecida pelo seu nome coloquial de "ventanilla siniestra", literalmente "janela sinistra". Foi através desta "janela" que Fidel Castro recebeu enormes quantias de dólares americanos.

As autoridades americanas estavam cientes das actividades de Botera? Claro que sim. Botera era membro do prestigioso Instituto Aspen, da Fundação Ford e antigo co-presidente do Diálogo Interamericano. Ele era bem conhecido do suave Elliott Richardson, que é melhor lembrado por perseguir e trair o Presidente Richard Nixon na sequência do escândalo Watergate. O que é menos conhecido é que Elliott Richardson, um eminentemente respeitável Boston Brahmin, foi o advogado do falecido Cyrus Hashemi. Hashemi foi a arma número um no negócio de armas Carter-Khomeini de 1979.

Richardson foi o representante oficial e conselheiro jurídico do governo marxista de Angola. Esteve também fortemente envolvido no encobrimento escandaloso das mortes misteriosas de nove doentes mentais nas sinistras instalações de Bridgeport, que não foi investigado até à data. As ligações de Richardson ao tráfico de droga podem ser vistas através do lobby pró-narcóticos, o Instituto para a Liberdade e Democracia, que ele ajudou a fundar em Lima, Peru, em 1961.

Dado o grande número de nomes que aparecem no desenrolar da tragédia do Panamá, parece apropriado enumerar os principais actores e instituições envolvidos - especialmente os inimigos de Noriega, que eram numerosos e poderosos, como mostra a lista seguinte:

**Alvin Weeden Gamboa**

Este advogado panamenho, um mensageiro dos senhores da droga, formou o Partido de Acção Popular (PAPO), um partido de oposição que defende os direitos humanos, com dois outros inimigos de Noriega, Winston Robles e Roberto Eisenmann. Todos eles se opuseram fortemente à Força de Defesa do Panamá e receberam regularmente generosos elogios da imprensa Jackal dos EUA e do Departamento de Estado como membros de um "governo democrático alternativo" do Panamá.

**Cesar Tribaldos**

Tem estado fortemente envolvido na lavagem de dinheiro para os barões da cocaína colombianos. É e foi coordenador do movimento da Cruzada Cívica com Roberto Eisenmann, proprietário do jornal *La Prensa* e membro do PAPO. Também fez parte da direcção do Banco Continental.

**Ricardo Tribaldos**

Foi acusado de tentar importar enormes quantidades do precursor químico éter etílico (acetona), o principal químico utilizado para refinar a cocaína, para o Panamá. Ricardo tinha criado a operação em 1984 em antecipação da abertura pelos colombianos Ochoa e Escobar de um importante laboratório de processamento de cocaína no Panamá.

**Roberto Eisenmann**

Roberto Eisenmann era o proprietário do jornal *La Prensa* e, na altura, um poderoso activo do Departamento de Estado dos EUA. Figurava de forma proeminente na proposta de governo 'democrático alternativo' para o Panamá. Eisenmann odeia Noriega por desmantelar uma das principais operações de Jorge Genoa e encerrar o Primeiro Banco Interamerica, que violou as leis bancárias panamenses em 1985. Isto deixa Eisenmann e os seus colegas perplexos.

Ninguém esperava que fossem tomadas medidas sérias contra a comunidade internacional que controla 80% da economia do Panamá e que fundou uma "Suíça no Panamá", na sequência das alterações feitas por Nicholas Barletta. Esta comunidade de elite de traficantes de droga e banqueiros ficou assim atordoada quando Noriega forneceu esta informação à DEA, o que levou à prisão do chefe rei da cocaína Jorge Ochoa em Espanha. O estabelecimento panamenho foi abalado por estes desenvolvimentos.

Eisenmann tornou-se um crítico veemente de Noriega, acusando-o de destruir a economia do Panamá, acusando-o mesmo de estar envolvido no tráfico de cocaína, quando na realidade era Eisenmann que trabalhava em estreita colaboração com os barões da cocaína colombianos. Eisenmann fazia parte de um grupo de senhores da droga, banqueiros, advogados e editores de jornais cuja retórica pró-democracia foi concebida para cobrir os seus rastos, o que, se a verdade se tivesse revelado, os teria levado directamente ao branqueamento de dinheiro sujo de cocaína.

Eisenmann, que liderou o ataque a Noriega durante 12 anos, foi a primeira escolha do Departamento de Estado norte-americano para liderar o governo que pretendia colocar no poder assim que Noriega fosse deposto. Alguns leitores podem ver esta informação com cepticismo, mas estou confiante de que a minha informação resistirá a qualquer teste porque é apoiada por factos sólidos. Em 1964, Eisenmann foi exposto como o homem por detrás da compra do Dadeland Bank de Miami, através do qual o sindicato Fernandez lavou a sua cocaína e marijuana, prova suficiente de que os bancos podiam ser correctamente investigados pela DEA. Mas isso não aconteceu.

O sindicato Fernandez, indiciado em 1984, armazenou grandes quantidades de dinheiro do tráfico de droga em cofres alugados pelo banco antes de o transferir para o Panamá, e os registos do tribunal mostram que o sindicato detinha a maioria do total das acções emitidas no Banco Dadeland de Eisenmann. No entanto, foram Weeden, Eisenmann e Fernandez que acusaram especificamente Noriega de lidar com os senhores da droga. Após a publicidade, o sindicato de Fernandez transferiu o seu dinheiro sujo do Dadeland Bank para o Banco de Iberoamerica, nomeado na acusação como um dos 15 bancos panamenses por ele utilizados. Eisenmann jurou mais tarde que não fazia ideia de que o seu Banco Dadeland estava a ser utilizado para lavar dinheiro da droga.

**Carlos Rodriguez Milian**

Este notável mensageiro de Lederer, Escobar e os irmãos Ochoa, recebeu um salário de 2 milhões de dólares por mês até ser preso por agentes da DEA, após uma dica do seu némesis, o General Noriega. A sua função era supervisionar e entregar enormes quantidades de dinheiro da droga ao Bank of America, First Boston e Citicorp, entre outros, para fins de lavagem.

Na audiência da Subcomissão de Narcóticos da Comissão de Relações Externas do Senado, a 11 de Fevereiro de 1988, os procedimentos foram concebidos para manchar e manchar o nome do General Noriega. Milian foi trazido da prisão, onde cumpre uma pena de 43 anos por actividades comerciais relacionadas com a droga, para testemunhar contra o General Noriega. Mas perturbou os procedimentos e assustou os membros do comité ao revelar que tinha entregue enormes quantidades de dólares da droga a vários bancos americanos. As suas revelações inesperadas e não solicitadas sob juramento foram completamente encobertas pelos chacais dos meios de comunicação social dos EUA.

## Tenente Coronel Julian Melo Borbua

Desonrosamente dispensado da Guarda Nacional do Panamá em 1964, Borbua tornou-se uma das testemunhas principais contra Noriega. Ainda na Guarda Nacional, conheceu os irmãos Ochoa na Colômbia, que lhe deram o emprego e lhe pagaram 5 milhões para abrir um laboratório de cocaína em Darien, na selva panamenha; para obter instalações seguras de armazenamento e trânsito e alojamento seguro para as armas à venda, na sua maioria de origem israelita, e para estabelecer acordos com vários bancos para facilitar o fluxo de dinheiro proveniente destas transacções ilegais. Os compatriotas envolvidos neste projecto foram Ricardo Tribaldos, o homem que foi acusado de tentar importar éter etílico para o Panamá, e um certo Gabriel Mendez.

Tribaldos e Mendez sabiam que estavam em fuga quando os homens de Noriega começaram a destruir grandes carregamentos de ácido éter etílico e localizaram e demoliram um grande laboratório de cocaína. Sob a direcção de indivíduos não revelados, Tribaldos, Mendez e Borbua planearam uma fuga maciça de capital do Panamá.

O plano exigia um ataque e uma campanha de difamação contra o exército e, se possível, o assassinato de Noriega. Mas antes que isto pudesse ser levado a cabo, a Força de Defesa do Panamá (PDF) descobriu a trama e prendeu o trio. Mendez e Tribaldos são acusados de tráfico de droga e presos, mas são libertados por um tribunal panamenho em circunstâncias suspeitas. Borbua foi despedido do PDF com distinção. Todos eles se tornaram membros activos da frente da Cruzada Cívica, criada para depor o General Noriega.

## Cruzada cívica

Esta frente de Eisenmann e dos seus associados destinava-se exclusivamente a ser utilizada contra o General Noriega. Os seus patrocinadores foram Eisenmann, Barletta, Tribaldos, Castillo e Blandon, Elliott Richardson, Norman Bailey e Sol Linowitz. A Cruzada Cívica foi estabelecida em Washington D.C. em Junho de 1987, e Lewis Galindo, um autoproclamado "representante internacional da oposição do Panamá a Noriega", foi contratado para a liderar.

Galindo tem credenciais impecáveis com a facção Shultz do Departamento de Estado e o Estabelecimento Liberal da Costa Leste através da Comissão Trilateral e Sol Linowitz, um dos servidores de maior confiança dos Jogos Olímpicos e sócio da prestigiada firma de advogados Coudert Brothers. Este é o mesmo escritório de advogados que iria trair os Estados Unidos ao ceder território soberano dos EUA ao Panamá, o que é proibido pela Constituição dos EUA. Galindo também tinha credenciais impecáveis com o ex-presidente colombiano Alfonso Lopez Michelson, amplamente considerado pelos agentes dos serviços secretos da droga como o homem que supervisionou o comércio de cocaína e marijuana na Colômbia durante o seu mandato de 1974 a 1978.

## Os irmãos Robles

Ivan Robles e o seu irmão Winston são os principais advogados no Panamá. Devem a sua notoriedade aos patrões do tráfico de cocaína e aos seus banqueiros. Winston Robles é co-editor do La Prensa de Roberto Eisenmann, que tem ligações comprovadas com o banco Fernandez-Dadeland. O directório jurídico internacional dá o título correcto do escritório de advogados: Martindale-Hubbell, Robles e Robles. Eisenmann de La Prensa, também proprietário comprovado de um terço do Dadeland Bank, com as suas ligações ao sindicato Fernandez no passado, foi favorecido pelo antigo Secretário de Estado George Shultz e pelo Departamento de Estado para substituir o General Noriega.

Estas "negociações" resultaram das acusações totalmente falsas de tráfico de droga apresentadas contra Noriega por um grande júri de Miami, Florida, a 5 de Fevereiro de 1988. Esta acusação sublinha mais uma vez a necessidade urgente de o povo americano se livrar do apêndice arcaico e feudal do "Grande Júri" no nosso sistema jurídico. A informação mais recente sobre as "negociações" é a declaração de George Shultz:

> Tivemos muitas discussões com ele (Noriega), mas ainda não chegámos a acordo de que as acusações contra Noriega serão retiradas se ele se retirar voluntariamente.

**Almirante John Poindexter**

As falsas acusações contra Noriega surgiram da missão falhada de Poindexter de forçar o general a abandonar o cargo. A missão de Poindexter em nome de Shultz estava de acordo com a brutal mensagem do Presidente Reagan para se livrar do Presidente Marcos, entregue pelo Senador Paul Laxalt, que desempenhou o papel de Judas muito melhor do que Poindexter. A missão de Poindexter desencadeou a actual guerra travada pelos senhores da droga, banqueiros, advogados e os seus aliados americanos para livrar o Panamá da ameaça à sua existência decorrente da vigorosa perseguição das leis anti-cocaína e das políticas bancárias lideradas pelo General Noriega e pelo PDF. Na entrevista televisiva de Mike Wallace, Noriega deixou claro que Poindexter tinha vindo como um rufia exigindo que o Panamá se curvasse perante as exigências colonialistas dos Jogos Olímpicos (O Comité dos 300).

Não me opus à invasão da Nicarágua pelas forças militares americanas, mas uma outra guerra do tipo Vietname só iria fazer o jogo do governo de um mundo e dos traidores dentro das nossas fronteiras. Poindexter foi apoiado pelos meios de comunicação social norte-americanos, que chegaram ao ponto de defender que Noriega fosse eliminado pela força. Depois de ter respondido às ameaças de Poindexter com uma repudiação firme, Noriega sabia que o dado tinha sido lançado. Assim, procurou aliar-se com os Peronistas e ganhar o seu apoio. Numa reunião com líderes peronistas em Mar del Plata, Argentina, Noriega e a sua delegação de oficiais de nível médio receberam as garantias que esperavam. Mas rapidamente foram tomadas contramedidas para assustar os argentinos. As tropas britânicas realizaram "exercícios" nas Ilhas Malvinas para mostrar o que aconteceria se a Argentina interviesse nos assuntos do Panamá, e o General John Calvin, chefe do Comando Sul do Exército dos EUA, encontrou-se com o Ministro da Defesa argentino Horacio Juanarena. O encontro foi aparentemente sobre as ameaças britânicas e as crescentes tensões entre os dois países sobre as Malvinas.

O General Galvin emitiu um aviso severo a Juanarena para não se envolver no Panamá. A missão de Galvin em Buenos Aires poderia ser correctamente comparada à missão do General Hauser em Teerão, na altura em que o ex-presidente Jimmy Carter traía o Xá do Irão.

A operação anti-droga da DEA, que se seguiu a uma investigação de três anos com o nome de código "Operação Peixe", mostrou que os senhores da droga e os seus apoiantes eram os beneficiários de enormes lucros. Até 1985, ninguém se tinha preocupado seriamente com eles. Mas em 1985, quando antes parecia vagamente possível que leis raramente utilizadas pudessem tornar-se um problema a ser tratado por intimidação, suborno e corrupção, Noriega mostrou agora que não podia ser ameaçado ou comprado, e que estava a falar a sério.

A "Operação Peixe" resultou no encerramento de 54 contas em 18 bancos panamenses e na apreensão de 10 milhões de dólares e de grandes quantidades de cocaína. Mais tarde foi estabelecido que os bancos tinham sido avisados por alguns membros do PDF e que podiam movimentar grandes quantidades de dinheiro antes de serem atacados. Seguiu-se o congelamento de mais 85 contas em bancos cujos depósitos se acreditava estarem manchados de sangue e cocaína, uma acção levada a cabo pela Força de Defesa do Panamá (PDF). Cinquenta e oito grandes "corredores" colombianos, americanos e alguns cubano-americanos foram detidos e acusados de tráfico de droga. A "Operação Peixe" foi possível graças à aprovação da Lei 23 do Panamá, que anunciava o que os traficantes de droga poderiam esperar no futuro. *La Prensa* queixa-se amargamente de que a Força de Defesa Panamenha está a conduzir uma campanha publicitária anti-droga em nome do governo dos EUA, uma campanha que "devastará o centro bancário panamenho".

## Jose Blandon

Este é o caso de Jose Blandon, que foi rodado a 180 graus pelo consórcio pró-droga. Qual é o papel atribuído a Blandon na guerra contra as forças anti-cocaína?

Foi contratado para obter o chamado "apoio internacional" para a facção de Elliott Richardson-Sol Linowitz que estava a tentar derrubar o General Noriega. Ao fazê-lo, Blandon provou ser um mentiroso hipócrita e sem escrúpulos. Blandon serviu a Internacional Socialista de Willie Brandt (também conhecida em alguns círculos como a Parceria). Antes de assumir o seu posto como principal acusador de Noriega, Blandon, que era o cônsul geral de Nova Iorque no Panamá, foi à televisão panamenha a 11 de Agosto de 1987 para apoiar Noriega. Ele atacou veementemente as forças que se opunham ao General Noriega - caracterizando a hostilidade como uma campanha que visava essencialmente a liquidação de José Blandon.

Vamos dar uma olhada mais atenta ao porta-voz do Departamento de Estado para o "Panamá". Pouco depois da sua aparição na televisão em apoio à Noriega, de facto, menos de um mês depois, Blandon foi apreendido pelo Estabelecimento Liberal Oriental nas pessoas de Shultz, Kissinger e Elliot Abrams e mandado parar de apoiar o cavalo errado. De acordo com relatórios dos serviços secretos, Blandon não fazia ideia do que o futuro reservava a Noriega. Disseram-lhe terminantemente para "juntar-se à equipa vencedora" ou ser posto de lado quando o "novo governo" fosse posto em prática. Blandon, sempre um indivíduo egoísta, não perdeu tempo a mudar de rumo e a saltar no comboio para "apanhar Noriega". Pouco depois de mudar de lado, Blandon anunciou que estava "a reunir o apoio da comunidade internacional contra o General Noriega".

Por conseguinte, foi sumariamente demitido das suas funções consulares. Nenhum governo pode dar-se ao luxo de ter os seus funcionários a conspirar com "forças estrangeiras a defender a sua derrubada". Blandon foi imediatamente apoiado pelo Departamento de Estado e pelos meios de comunicação social dos EUA. Foi apresentado pelo Dr. Norman Bailey como um funcionário panamiano respeitável e de alto nível que tinha informações verdadeiramente surpreendentes a transmitir sobre o alegado "tráfico de droga" de Noriega. Não posso ter a certeza absoluta de que Blandon não recebeu imediatamente apoio financeiro de Bailey, da Cruzada Cívica e de Sol Linowitz, mas Washington disse ter recebido alguma informação que tenderia a confirmar que Blandon era um mercenário pago de Linowitz, Norman Bailey e da Cruzada Cívica. O advogado de Miami Ray Takiff, que representou o General Noriega nos EUA, disse simplesmente que Blandon era um mentiroso na folha de pagamentos do governo dos EUA.

Um dos controladores de Blandon foi William G. Walker, Secretário de Estado Adjunto para os Assuntos Internacionais, que mais tarde desempenhou um papel sujo na queda do governo sérvio. De acordo com relatórios que recebi, foi Walker quem treinou Blandon no seu testemunho perante a Subcomissão de Relações Exteriores do Senado sobre Terrorismo, Narcóticos e Operações Internacionais, uma subcomissão anti-Noriega. Walker desempenhou então um papel fundamental na destruição do líder sérvio Milosevic, o que levou à queda do país e à tomada do poder por um governo muçulmano na Albânia.

Blandon era notório pelas suas mudanças de humor de um sujeito para outro, para não mencionar a mudança de cavalos ao longo do caminho. Walker queria ter a certeza de que Blandon não se desviasse para áreas que pudessem levar a complicações, enquanto testemunhava perante a comissão "abrir e fechar" à maneira da embaraçosa apresentação de Rodriguez Milian sobre os principais bancos dos EUA. Lewis Galindo da Cruzada Cívica, com quem estamos familiarizados, foi outro dos "treinadores" de Blandon, juntamente com Walker e o Dr. Norman Bailey. Galindo passou muito tempo a dizer a Blandon para se cingir ao básico quando testemunhou perante a subcomissão do Senado ansioso por "apanhar Noriega".

O comité deve ter estado familiarizado com a tendência de Blandon para distorcer "factos" da mesma forma que deve ter tido conhecimento dos seus "contactos internacionais de alto nível" bastante duvidosos. No entanto, a subcomissão do Senado apresentou Blandon como sua testemunha principal contra Noriega a maior parte das vezes durante as sessões de 8-11 de Fevereiro. Isto deve perturbar profundamente todos os patriotas que valorizam as nossas instituições e tradições.

O ataque a Noriega degradou e degradou as nossas instituições, para não mencionar que lançou sérias dúvidas sobre o nosso sistema judicial. Ansiosos por aproveitar ao máximo o testemunho de Blandon, embora nunca tivesse durado mais do que alguns minutos sob as regras de prova do tribunal, e sob interrogatório cruzado, os membros da comissão ouviram com entusiasmo a sua divagação e diatribe contraditória contra o General Noriega. Mesmo com tal margem de manobra e membros da comissão a inclinarem-se para trás para mostrar preocupação, Blandon desempenhou tão mal como os criminosos Floyd Carlton e Milian Rodriguez, que foram chamados a testemunhar a favor da acusação.

O procedimento fazia lembrar os "julgamentos de fachada" e não tem lugar no sistema americano. Se é a isto que os nossos políticos chamam "governo aberto", então Deus ajude a América. As audiências do subcomité podem ser chamadas de "julgamento"? Tenho tendência a pensar que foi um julgamento do General Noriega, embora o presidente do subcomité, John Kerry, o tenha rejeitado categoricamente quando solicitado. Kerry desfilou Blandon em frente ao comité como um cão no ringue numa exposição canina. Quando Blandon começou a balbuciar incoerentemente, Kerry disse-lhe repetidamente "fica rapaz - não tão depressa". Este é o mesmo John Kerry que se candidataria a Presidente dos Estados Unidos da América. Graças a Deus, ele foi espancado.

Kerry garantiu que o recente discurso televisivo de Blandon em apoio à Noriega não era mencionado. Nesse discurso, Blandon disse que as acusações contra o comandante PDF eram "fabricações" e negou veementemente que os oficiais PDF estivessem envolvidos no tráfico de droga. Isto pode ser boa política, mas é má justiça. No final, incapaz de acompanhar as suas próprias divagações, Blandon contradizia-se e dava relatos tão diferentes dos mesmos acontecimentos que até os chacais dos media, nomeadamente a *revista Time*, tiveram de admitir com relutância que a credibilidade de Blandon era inexistente! Mas não para John Kerry, que não podia dar-se ao luxo de perder a sua testemunha da Câmara das Estrelas.

De onde vêm os "factos" de Blandon sobre o envolvimento da Noriega no tráfico de droga? Uma análise cuidadosa preparada por especialistas na matéria mostrou uma semelhança notável entre as frases e palavras utilizadas por Norman Bailey, Lopez Michelson, Roberto Eisenmann, Lewis Galindo e muitas das palavras e frases utilizadas por Blandon. Portanto, parece que estes homens podem ter colocado palavras na boca de Blandon. Já conhecemos o milionário Galindo, que supostamente fez fortuna no sector imobiliário, e Eisenmann de *La Prensa*, mas vale a pena mencionar de passagem que Galindo é confiado por Sol Linowitz da Comissão Trilateral e pelo seu colaborador próximo, o Dr. Norman Bailey.

## Lopez Michelson

Lopez Michelson foi presidente da Colômbia de 1974 a 1978, período durante o qual se tornou amigo íntimo de Fidel Castro, que reinstalou Carlos Lederer depois de ter sido forçado por agentes da DEA a fugir das Bahamas. Foi o ministro das finanças de Michelson, Rodrigo Bolero Montoya, que facilitou o depósito de dólares da droga pelos barões da cocaína abrindo a "sinistra janela" no Banco Nacional da Colômbia como parte das actividades de vigilância de Michelson em nome dos barões da cocaína Ochoa, Lederer e Escobar. Lopez Michelson até tentou legalizar os barões da droga em troca da sua oferta para pagar as obrigações da Colômbia em relação à dívida externa!

## Nicolas Ardito Barletta

Outro dos lacaios contratados pelo Departamento de Estado foi Nicolas Ardito Barletta. Amigo e confidente de Norman Bailey do Conselho Nacional de Segurança e chefe da "agência dos banqueiros" do NSC-CIA, perto de Sol Linowitz e William Colby, Barletta era claramente um importante aliado da facção "get Noriega". Já mencionei que o Panamá se tornou um paraíso para os traficantes de droga e os seus bancos de lavagem de dinheiro pouco depois de Blandon ter promulgado leis rigorosas de sigilo bancário: mesmo a tempo do "boom" do comércio de cocaína. As suas leis de sigilo bancário nunca foram contestadas - até o General Noriega ter assumido essa terrível responsabilidade. Não admira que Blandon se tenha aliado aos seus inimigos. Blandon era conhecido em Washington como o "homem dos banqueiros" do Panamá.

## Steven Sarnos

Identificado como um traficante de droga, Sarnos parecia desfrutar de um acesso surpreendentemente fácil a funcionários da administração como o Almirante Poindexter, e a notáveis como Barletta. Sarnos fazia parte do grupo composto por Eisenmann, Galindo e outros, que lançou a campanha de difamação contra Noriega. Parece que Sarnos era outro dos muitos "treinadores" de José Blandon.

Sarnos viaja para ver as suas ligações americanas de alto nível sob a protecção do programa federal de testemunhas. Talvez como resultado das provas fornecidas por Sarnos, o seu antigo colega e parceiro de negócios Fernandez foi condenado a uma pena de prisão por tráfico de marijuana. Podemos nunca saber, mas deve ser por isso que Sarnos é autorizado a viajar para os EUA, enquanto alguém como o Presidente Waldheim, antigo Secretário-Geral da ONU, está na lista negra.

A comissão do Senado chefiada por John Kerry parecia fazer tudo o que estava ao seu alcance para contrariar o desempenho extremamente errático de Blandon. Questionado pela imprensa sobre o testemunho cambiante de Blandon, inexactidões e contradições, o Senador D'Amato, um dos membros, disse: "Os anunciantes tentarão fazer tudo para desacreditar o testemunho de Blandon. Mas, no final, o testemunho de Blandon acabou por não ser mais do que o produto de uma imaginação demasiado madura. A sua alegação de que tinha visto documentos confirmando a espionagem da CIA sobre a vida privada de certos senadores dos EUA, uma alegação fortemente negada pela CIA mas confirmada por Blandon, causou uma agitação. A "bomba" de Blandon sobre a CIA perturbou o comité quase tanto como as revelações de Milian de que os principais bancos americanos estavam envolvidos no branqueamento de dinheiro sujo.

Outra das "figuras internacionais influentes" que apoiou a conspiração para "apanhar Noriega" é Ted Turner da CNN. Acredita-se que Turner seja um membro da Comissão Trilateral que foi pessoalmente "treinado" por David Rockefeller. Parece que o seu nome foi acrescentado à lista dos inimigos de Noriega. La Prensa de Roberto Eisenmann deu um suspiro de alívio após as audições da sub-comissão do Senado. Era evidente que a política do banqueiro da droga para o Panamá seria agora a política oficial dos EUA. A campanha liderada pelos EUA contra o PDF veio directamente das páginas de La Prensa com os seus uivos de raiva por ser 'reprimida'. Os barões da cocaína e os seus banqueiros escreveram a letra da canção de ódio que a administração Reagan canta contra o melhor combatente do mundo do tráfico de droga na altura, o General Manuel Noriega.

O facto de Noriega ter sido caluniado deveria dizer-nos algo sobre a sua eficácia na guerra contra a droga. Se ele não fosse uma entidade, ninguém em Washington ou no Panamá se importaria. Uma campanha internacional de ódio e vilipêndio atingiu rapidamente o seu auge e terminou com a expulsão de Noriega. Estou convencido, com base em informações da mais alta fiabilidade, que mesmo após a sua expulsão, Noriega continuava em grande perigo. Esta informação revelou-se correcta com o rapto e transporte de Noriega para uma prisão da Florida, seguido de uma farsa de um julgamento sem paralelo na jurisprudência de qualquer nação ocidental. Os senhores da droga e os seus banqueiros não perdoarão e esquecerão. Noriega foi marcado para eliminação da mesma forma que o General Somoza da Nicarágua foi marcado para assassinato.

Alguns elementos positivos emergiram das audições do subcomité. O General Paul Alemão negou ter encontrado provas de irregularidades por Noriega, como Blandon e Norman Bailey tinham alegado. Ele disse que não havia provas concretas de que Noriega tivesse ligações a barões de cocaína. Havia rumores, disse alemão, mas nenhuma prova real foi jamais encontrada. A comissão também não conseguiu produzir um fragmento de provas credíveis para apoiar as falsas acusações contra Noriega, apesar de Kerry ter feito um grande esforço, mas foi condenado e condenado a prisão perpétua, da qual nunca será libertado.

Blandon, Barletta, Linowitz, Elliot Abrams, Elliott Richardson, Lewis Galindo e Roberto Eisenmann, entre outros, querem ver o comércio da droga legalizado. A abordagem de Richardson a esta questão foi muito inteligente. Defendeu a legalização das drogas sem parecer que o fizesse. A sua frase era que era "demasiado tarde" para tentar combater a ameaça da droga e que quaisquer que fossem os esforços feitos a suprimir, como o álcool antes dela, a melhor solução era legalizar as drogas. De acordo com Richardson e a sua facção de banqueiros do Estabelecimento Liberal Oriental, isto revelar-se-á muito mais eficaz e barato a longo prazo - exactamente a linha adoptada pelo Senador Edward Kennedy nas suas muitas tentativas de legalizar as drogas.

Edward Kennedy foi poupado ao destino dos seus irmãos, porque é útil para fazer passar as contas do estabelecimento pelo Senado - a única razão para a sua carreira política contínua. Se Kennedy se atrever a votar contra a legislação pró-narcóticos mesmo uma vez, ele será excluído. Nós sabemo-lo e ele sabe-o. É tão claro como isso. No seu artigo copiado do Relatório Sol Linowitz de 1986 do Diálogo Interamericano, Richardson cita praticamente os argumentos apresentados por *La Prensa* e Carlos Lederer em apoio da legalização do uso de cocaína e marijuana da mesma forma que os Estados Unidos foram eventualmente forçados a legalizar o álcool. O Diálogo Interamericano é uma confluência de opiniões entre o Estabelecimento Liberal Oriental e a América

Latina, que acompanha a elaboração de políticas trilaterais para a região sob os auspícios do Comité dos 300.

Em suma, está lá para asfixiar as decisões da Comissão Trilateral. A lista dos seus membros permite avaliar rapidamente até que ponto este organismo foi criado para executar as ordens do CFR. Quando aparecem os nomes de McGeorge Bundy, Linowitz, Kissinger, John R. Petty, Robert S. McNamara, Barletta e Montoya, podemos ter a certeza de que o trabalho sujo na encruzilhada existe.

Samper Pizano, um mensageiro para os barões da cocaína colombianos, diz que o Ocidente precisa de considerar uma abordagem nova e original ao problema da droga. Pizano, que não nega as suas ligações aos barões da cocaína colombianos, entregou uma vez a Lopez Michelson um cheque muito grande como "contribuição" para a sua campanha presidencial. Michelson aceitou o dinheiro, apesar de saber que vinha de Carlos Lederer.

O argumento cansado para a legalização selectiva foi também apresentado por Richardson. Aparentemente, 65 milhões de toxicodependentes nos EUA não é suficiente. Richardson sugere que a guerra contra a droga não pode ser ganha, outro velho e perigoso argumento, que ignora os golpes de martelo que o Presidente Garcia foi capaz de dar contra a máfia da cocaína em apenas cinquenta dias, e com recursos estritamente limitados à sua disposição! O argumento decisivo é a seguinte afirmação: "...a ilegalidade das drogas agrava os danos causados aos toxicodependentes e à sociedade americana". Como funcionário do tribunal, o Sr. Richardson merecia ser examinado pela Ordem dos Advogados Americana, encarregado de promover a venda de drogas e acusado por esses motivos. O Diálogo Interamericano tem o seu clube de banqueiros de narcóticos a apoiar as tentativas de legalizar a droga. Que existe uma ligação comprovada entre o First Bank of Boston, Credit Suisse e os barões da cocaína da Colômbia não seria difícil de provar; muito menos difícil do que tentar tornar o testemunho distorcido de José Blandon credível e aceitável.

Porque é que a subcomissão do Senado, que ia atrás do Noriega, não foi atrás do Credit Suisse, First Bank of Boston, American Express e Bank of America, se queria realmente projectar credibilidade na luta contra o tráfico de droga? Qual foi o papel de John Kerry em tudo isto? Quando é que o Departamento de Estado começou realmente a temer Noriega?

Eu diria que isto foi imediatamente após o sucesso da acção conjunta DEA-Panamá de combate às drogas com o nome de código "Operação Peixe", que foi revelada publicamente pela DEA a 6 de Maio de 1987, naquilo a que chamou "a maior e mais bem sucedida investigação encoberta na história da repressão federal às drogas". O Departamento de Estado lançou imediatamente contra-operações, em colaboração com os indivíduos nomeados neste artigo, para minar o sucesso da "Operação Peixes" e remover o General Noriega como comandante da Força de Defesa do Panamá. O Departamento de Estado e os seus aliados no lobby pró-doping tinham boas razões para temer Noriega, como mostra o seguinte excerto de uma carta de 27 de Maio de 1987 dirigida a Noriega pelo chefe da DEA. John C. Lawn, não podia ser mais claro:

> Como sabem, a Operação Peixes, que acaba de ser concluída, foi um sucesso: vários milhões de dólares e milhares de libras de droga foram apreendidos a traficantes internacionais de droga e a branqueadores de dinheiro. O seu empenho pessoal (ênfase acrescentada) na Operação Fish e os esforços profissionais competentes e incansáveis de outros funcionários da República do Panamá foram essenciais para o resultado bem sucedido desta investigação. Os traficantes de droga em todo o mundo sabem que os rendimentos e lucros das suas actividades ilegais não são bem-vindos no Panamá.

De facto!

Nestas últimas linhas encontramos a chave para a razão pela qual o Departamento de Estado se virou contra o General Noriega e para o lançamento de uma campanha nacional de calúnia e difamação contra o combatente mais eficaz do tráfico de droga no mundo na altura. As cartas de John C. Lawn contrastam fortemente com o triste espectáculo de Jose Blandon e do narcotraficante condenado Milian nos seus esforços para denegrir o homem mais odiado e temido pelos senhores da droga colombianos, os seus banqueiros panamenses e os seus aliados no estabelecimento liberal oriental, entre os quais incluímos o *New York Times* e o *Washington Post.*

As audiências da subcomissão do Senado prestaram um terrível e infeliz mau serviço ao povo americano ao apoiar os senhores da droga e os seus banqueiros, e enterraram quase tudo o que restava do programa antidroga, lamentavelmente fraco, que o Presidente Reagan deveria ter deixado nas mãos de George H.W. Bush. Tudo o que sobrava da nossa auto-estima esfarrapada como nação oposta à ameaça da droga era o patético "Diga Não" de Nancy Reagan. As palavras não valem muito, especialmente quando comparadas com os actos de bravura que podemos atribuir ao General Noriega e ao Presidente Alan Garcia.

A imprensa de estabelecimento americana, os chacais, seguindo os ditames do líder de grupo David Rockefeller, orquestraram a viciosa campanha anti-Noriega na América, que levou à acusação por um grande júri de Miami do homem tão generosamente elogiado pelo chefe da DEA. Quem está errado aqui? É John C. Lawn? Será o Noriega que elogiou realmente o mesmo homem que a imprensa, advogados, banqueiros, mentirosos pagos e organizações políticas da máfia da cocaína retratam como amigo e protector dos traficantes de droga?

À primeira vista, parece haver alguma confusão. Ou Noriega não é claramente o homem que John C. Lawn elogiou, ou as testemunhas do subcomité do Senado eram mentirosas. Deixamos ao seu critério tirar as suas próprias conclusões. Voltemos à lista dos "inimigos de Noriega" e descubramos quem foram os principais perpetradores deste crime mais selvagem contra o melhor adversário dos traficantes de droga dos tempos modernos.

### General Ruben Darios Paredes

Este comandante reformado da Guarda Nacional panamenha era o inimigo mais combativo e perigoso do General Noriega. Apesar da execução brutal do seu filho pela máfia da cocaína, Paredes permaneceu leal aos irmãos Ochoa, mesmo depois de descobrir que eles lhe tinham mentido quando ele telefonou a perguntar pelo seu filho desaparecido. Paredes aceitou a palavra de Ochoas de que o seu filho estava a salvo, mesmo quando a imprensa colombiana fez saber que Rueben Jr. já estava morto, uma vítima de "los grandes mafioses". Paredes tinha laços antigos com Fidel Castro e o seu autoproclamado "amigo especial", o Coronel Roberto Diaz Herrera. Dados estes factos conhecidos, não é surpreendente encontrar Paredes a receber membros do exército privado de terroristas de Carlos Ledher, o M19, na sua casa e a protegê-los depois de uma unidade M19 ter sido criada no Panamá para proteger o laboratório de cocaína de Darien e as caches de armas israelitas.

Paredes foi a escolha de Kissinger, Linowitz e do Departamento de Estado para substituir o General Noriega quando este foi forçado a sair por ameaças ou acusações do Departamento de Justiça. Esta foi a base para as chamadas "negociações" com o General Noriega. Em Julho de 1987, Paredes ameaçou iniciar uma guerra no Panamá se o General Noriega não se demitisse. O papel atribuído a Paredes por Kissinger e Linowitz foi o de um desmancha-prazeres, para assegurar que nenhum indivíduo ou partido político se tornasse suficientemente forte para ameaçar os interesses dos senhores da droga e da sua rede bancária. Como mencionado anteriormente, quando Torrijos mostrou tais sinais, teve um "acidente" de avião fatal. Existe alguma prova real do tipo que a subcomissão do Senado procura tão ansiosamente, e não encontrou no caso do General Noriega, que pudesse ter ligado Paredes aos barões da cocaína e aos seus banqueiros corruptos? É do conhecimento geral que os Ochoas deram prendas caras a Paredes, incluindo cavalos de corrida de raça de raça caros e de raça pura, mas isso em si mesmo não é prova suficiente. Depois há a questão da relação claramente estabelecida entre o adjunto de Paredes, o Tenente-Coronel Julian Melo Barbua, que já conhecemos, e cuja estreita relação com Ricardo Tribaldos, Jaime Castillo, Mendez e outros traficantes de Ochoa como Stephen Samos não foi contestada e não pôde ser escondida do General Paredes de forma alguma.

Quando Lopez Michelson se encontrou com os barões colombianos da cocaína no Panamá em 1984, foi Melo Borbua que se certificou de que não eram perturbados. Mencionei Stephen Samos, porque era casado com Alma Robles, uma irmã dos irmãos Robles cuja firma de advogados é utilizada pelos senhores da droga. Samos era um mensageiro do sindicato de Fernandez, até ser apanhado. Segundo as minhas informações, ele era bem conhecido de Melo Borbua, e as suas actividades não poderiam ter escapado à atenção de um homem como o General Paredes.

Paredes, apesar das suas conhecidas ligações com a droga, era muito procurado pelos chacais dos meios de comunicação social dos EUA. Recebeu críticas bastante favoráveis da imprensa, o seu passado sórdido aparentemente bem escondido, da mesma forma que o General Pitovranov da Missão Comercial e Económica dos Estados Unidos (USTEC) é amado pela imprensa americana, apesar do seu passado conhecido como chefe de um esquadrão mundial de raptos e assassinatos do KGB.

### Dr. Norman Bailey

O passado de Bailey está ligado ao Conselho Nacional de Segurança, onde serviu antes de se juntar a Sol Linowitz, o autor do infame caso do Canal do Panamá. Enquanto membro do Conselho de Segurança Nacional, Bailey foi designado para estudar o movimento do dinheiro da droga, o que lhe deu experiência em primeira mão do Panamá. Como resultado directo dos seus estudos, Bailey tornou-se amigo de Nicholas Ardito Barletta. Acredita-se que Bailey desenvolveu um ódio a Noriega, culpando-o pela perda do cargo presidencial de Barletta. Bailey declarou:

> Comecei a minha guerra contra o Panamá quando o meu amigo Nicky Barletta se demitiu do cargo de Presidente do Panamá.

Bailey aprendeu muito sobre as leis de sigilo bancário do Panamá com o homem responsável por torná-lo um refúgio para os traficantes de droga e bancos de lavagem de dinheiro pelos quais se tornou um defensor.

Porque deveria o Bailey ter-se ofendido no despedimento da Barletta? Porque Barletta era o "homem no chão" que representava o topo do estabelecimento britânico e americano, que estava até às sobrancelhas no tráfico de droga - a uma distância segura, é claro. Era também o homem do Fundo Monetário Internacional (FMI) no terreno no Panamá para assegurar que os seus ditames fossem obedecidos sem questionar, e era o favorito de George Shultz. Quando o General Noriega resistiu às medidas de austeridade do FMI, colidiu de frente com Ardito Barletta e, por procuração, com o estabelecimento elitista de Washington. Desconhecido do Bailey, o General Noriega tinha falado com Alan Garcia, cujas tácticas tinham defendido com sucesso o Peru contra as depredações do FMI, e que Noriega adoptou mais tarde para o Panamá.

Como resultado, Bailey foi expulso quando tentou tornar-se o executor do FMI. Foi então que a decisão de travar uma guerra total contra Noriega e a Guarda Nacional foi tomada por George Shultz a conselho de Norman Bailey e do seu parceiro de negócios, William Colby, cuja firma, Colby, Bailey, Werner and Associates, tinha sido consultada por lavadores de dinheiro da droga panamenses e americanos em pânico. A partir de então, o General Noriega nunca mais foi chamado de "ditador".

Bailey afirma que não estava interessado em ver-se livre do Noriega. Era mais importante, diz ele, livrar-se dele militarmente, porque, segundo Bailey, "o Panamá é o país mais militarizado do Hemisfério Ocidental". Esta declaração notável deve ser equilibrada com o facto conhecido de que foi Bailey quem redigiu as acusações contra Noriega por Blandon, Eisenmann e Weedon. Bailey, como membro do grupo de acção cívica que trabalhou arduamente para expulsar Noriega e substituí-lo pelo que Bailey gostava de chamar uma "junta civil", que realizaria eleições livres uma vez que tomasse o poder, para o que estabeleceu um prazo de um ano.

Bailey foi um dos principais colaboradores do *New York Times* e do *Washington Post* na difamação do Noriega, que ele chama "98% de facto". Mesmo que apenas 2% não seja um facto, então certamente os seus artigos devem ser totalmente suspeitos? Através do Bailey, a conspiração contra o General Noriega chegou ao fim, desde os barões da cocaína na Colômbia até aos elitistas em Washington, Londres e Nova Iorque. Foi através do Bailey que se estabeleceu a ligação entre a máfia da cocaína de classe baixa assassina e os nomes respeitáveis e intocáveis nos registos sociais e políticos de Washington, Boston, Londres e Nova Iorque, encarnados por Elliott Richardson e George Shultz.

Em jogo estão as enormes somas de dinheiro geradas pelos traficantes de droga, que ainda são ilegais, mas que podem não ser por muito mais tempo, dada a pressão sobre os legisladores para "relaxar" o "uso social" de drogas como a marijuana e a cocaína. Por detrás da pressão contra o tabagismo está a campanha do lobby da droga para legalizar o "uso ligeiro" de drogas perigosas e viciantes. O Surgeon General afirma que a nicotina é tão viciante como a cocaína e a heroína. As implicações são óbvias. Deixar de fumar anti-social, o que tem riscos comprovados de cancro, e mudar para cocaína ou marijuana, que não são cancerígenas. As vendas de drogas, que actualmente ultrapassam de longe as vendas de gasolina, poderão em breve superar as vendas de cigarros.

O 'mercado' da cocaína ainda está relativamente inexplorado. Se vários milhões mais de pessoas forem transformadas em zombies viciados em drogas, como diria Bertrand Russell se ele estivesse vivo hoje. Quando Noriega foi preso por George Bush, o Ancião, e o seu exército de 7.000 soldados americanos, a União Soviética ganhou, graças à parceria e à Cuba de Castro. Foi capaz de estender a sua influência por toda a América Latina. Um segundo benefício deste comércio é o aumento da produção de cocaína e marijuana que ele torna possível. Os Estados Unidos sentiram o impacto disto, uma vez que as drogas se tornaram mais baratas e maiores quantidades ficaram disponíveis para "novos" utilizadores, que não se tornaram necessariamente viciados, ou pelo menos é assim que se diz. Nisto, os barões da droga receberam o total apoio do *New York Times*, que fala pelos interesses britânicos, e do *Washington Post*. Ambos os jornais publicaram uma série de artigos nos últimos anos a favor da legalização do uso da marijuana e da cocaína.

O Senado declarou guerra ao Panamá, tal como declarou guerra à África do Sul. O patriotismo do povo americano foi despertado por referências ao exército panamenho como um perigo para a segurança do canal. De Concini foi o fantoche inútil da ala direita que assinou o documento de abandono, com "reservas", que não foram aceites pelo Panamá, pelo que foi promovido como um homem sábio e prudente por exigir o codicilo quando este era e não passa de uma desistência, que actuou como o abandono do canal americano no Panamá. A situação na América Central tornou-se um perigo para os interesses de segurança nacional dos EUA. Foi imposta ao Panamá uma "democracia" ao estilo de Philippine-. A fim de obter a luz verde para o Tratado do Canal do Panamá, o Senado declarou que o General Noriega teve de se demitir. Se ele se recusasse a cumprir, seria forçado a partir. Este foi o consenso da delegação de seis membros do pessoal do Senado que visitou o Panamá de 12 a 16 de Novembro de 1987.

A delegação não mencionou a ameaça assustadora representada pelos traficantes de droga e a sua ligação a Cuba, para não mencionar a ameaça à nossa economia devido ao vazamento de dólares americanos para os bancos de lavagem de dinheiro do Panamá. Em nome da democracia, o controlo do Panamá foi arrancado a Noriega e entregue aos traficantes internacionais de droga e o Panamá foi virado de cabeça para baixo pelo tratado do canal. A ameaça de enviar os militares americanos para o Panamá se a "agitação" ameaçar a segurança do canal não é explicitamente mencionada, mas está claramente implícita. Foi para criar tal desordem que o veterano causador de problemas, John Maisto, foi destacado para o Panamá.

**John Maisto**

Quem é John Maisto? Era o segundo homem na embaixada dos EUA no Panamá, na altura da "transferência" para aquele país. Antes disso, foi destacado para a Coreia do Sul, Filipinas e Haiti para criar agitação nas ruas e liderar "manifestações" contra as autoridades. Ele tem sido muito activo nas ruas do Panamá, e é uma pena que o agente provocador Maisto tenha sido autorizado a escapar com o seu comportamento ultrajante. O Senado contribuiu deliberada e maliciosamente para a deterioração das condições no Panamá ao continuar a insistir que o "ditador" Noriega estava envolvido em actividades criminosas e que a sua recusa em aceitar os direitos de defesa dos EUA, nos quais o Tratado do Panamá se baseia, punha em perigo todo o tratado.

Direitos de defesa" neste caso significava estacionar tropas norte-americanas em áreas onde Maisto estava a trabalhar para agitar problemas, uma provocação deliberada, uma vez que os militares estão bem conscientes dos perigos inerentes ao estacionamento de tropas em áreas de agitação civil. Se aprenderam alguma coisa com o Iraque, os militares deveriam saber melhor do que colocar os militares americanos no meio de uma situação insustentável e volátil.

Outra inverdade que precisa de ser exposta é a história de que o General Noriega estava a receber ajuda da Líbia. Esta é uma fabricação concebida para desacreditar Noriega. As minhas fontes levaram três meses a investigar estas acusações e descobriram que elas não tinham substância.

O Departamento de Estado tinha levado a cabo uma campanha de desinformação com a ajuda de Ted Turner da CNN, tal como a BBC tinha conduzido a sua campanha de desinformação contra o Xá do Irão. Mas apesar de tudo isto, o banho de sangue previsto para o Panamá pela campanha de desinformação de John Maisto e as actividades nefastas não aconteceram. O General Paredes, que, como já explicámos, foi o porta-voz dos barões da cocaína, os seus banqueiros e os seus apoiantes políticos, acrescentou a sua voz ao crescendo de calúnias contra o General Noriega, prevendo consequências terríveis para o Panamá se Noriega não desistisse imediatamente. O Presidente Reagan, que não fazia ideia de quem eram realmente os "maus da fita", deu a Noriega um prazo até Abril de 1988 para se demitir. Como se o Panamá fizesse parte dos Estados Unidos!

Noriega não quis cumprir, pelo que o prazo foi adiado para

meados de Maio. De acordo com uma fonte de Washington, Reagan quer ver-se livre de Noriega a tempo da sua "cimeira" com Gorbachev. Norman Bailey intensifica as suas exigências para a dissolução da Guarda Nacional do Panamá, o que representa um "perigo" para toda a região.

Falando num fórum na Universidade George Washington em Washington D.C., Bailey disse que Noriega só cederia se o povo panamenho saísse à rua, fosse baleado e lutasse contra. A menos que as câmaras de televisão estivessem disponíveis para gravar tais eventos, seria um esforço inútil. Nada vai acontecer no Panamá, não se vai livrar do Noriega e das instituições PDF se as pessoas não saírem à rua", disse Bailey. Foi por isso que Maisto esteve no Panamá, onde aplicou a sua experiência da máfia adquirida na Coreia do Sul, nas Filipinas e no Haiti.

O que Maisto e Bailey queriam era um "Sharpeville" panamenho - o motim instigado pelo Departamento de Estado que varreu a cidade negra de Sharpeville na África do Sul e deixou 70 desordeiros negros mortos - que as câmaras estavam lá para gravar. Sharpeville tem sido uma maldição para a África do Sul desde então. A gota d'água final para Noriega foi a acusação feita por um grande júri de Miami. Para resumir o que já tinha acontecido no Panamá:

As forças da droga e os seus banqueiros uniram forças com o establishment político em Washington para se livrarem do General Noriega e o substituírem por um regime fantoche fugido de Washington. Quais foram as razões para esta acção? Primeiro, Noriega estava a descarrilar o lucrativo e próspero comércio de cocaína e marijuana do Panamá, e segundo, recusou-se a cooperar com o plano andino de Kissinger para transformar a América Central num campo de batalha ao estilo do Vietname para as forças norte-americanas.

Estas foram consideradas razões suficientes para colocar o Panamá sob cerco. Qual foi o resultado? O General Noriega recusou-se a continuar a retirar-se. Foram então criadas situações artificiais, incluindo assembleias desordeiras, dificuldades económicas e agitação laboral, com o objectivo de tornar o

Panamá ingovernável. Depois os militares americanos intervieram, aparentemente para assegurar o canal, mas na realidade para raptar Noriega e levá-lo a julgamento para a Florida. É assim que tem sido conduzida a política externa dos EUA para o Panamá. Somos nós uma nação apta a governar o Ocidente? Deixo-vos a tirar as vossas próprias conclusões!

O General Noriega foi de alguma forma responsável pelos problemas no Panamá? Era ele, de alguma forma, o traficante de droga que o Grande Júri e o Senado afirmavam ser? Porque é que o Panamá está de repente a receber tanta atenção, ainda mais do que quando o nosso canal foi entregue ao General "anticomunista" Omar Torrijos?

Quando se bate em alguém na carteira, pode-se ter a certeza de que isso dói. E foi exactamente isso que o General Noriega foi culpado de fazer. Atingiu os senhores da droga nas suas carteiras. Ele custou aos bancos de lavagem de dinheiro sujo da droga grande parte dos seus ganhos obtidos indevidamente. Trouxe o descrédito aos banqueiros. A situação foi perturbada; deu força às leis bancárias do Panamá. Mais do que isso, ele atrapalhou Henry Kissinger e perturbou as vendas de armas israelitas na América Central. Ele pisou os pés de pessoas poderosas. Não é de admirar que o General Noriega tenha sido escolhido para o papel de vilão. A presidência Carter produziu uma explosão no comércio da cocaína. Seis meses após a entrada de Carter na Casa Branca, a nossa situação monetária estava em desordem. A Reserva Federal não antecipou a corrida ao dólar e teve dificuldade em satisfazer a procura dos bancos da Florida. O sistema monetário estava em desordem. Seis meses depois de Jimmy Carter se ter tornado presidente, os bancos da Flórida reportavam 514 mil milhões de dólares em receitas de cocaína.

Carlos Ledher, do cartel colombiano da droga, encontrou um amigo simpático e benevolente no Dr. Peter Bourne, conselheiro da Casa Branca de Jimmy Carter em questões de droga. Os Allman Brothers, cheios de drogas, foram recebidos na Casa Branca, apesar de serem "consumidores de coca". Ledher cultivou a sua "ligação Carter" e, sem dúvida, regozijou-se quando Bourne começou a emitir receitas de drogas viciantes aos seus amigos e colegas - o que, por acaso, lhe permitiu escapar às sanções apropriadas.

Estas condições de "boom" criaram uma oportunidade maravilhosa para os senhores da droga, especialmente no Panamá. Torrijos não se importou com estes eventos. Assumir o controlo da Zona do Canal e construir uma economia panamenha viável era o que mais lhe interessava. Se a cocaína e a marijuana fossem um meio para esse fim, que assim seja! A sua atitude foi "viver e deixar viver".

A administração Carter tem apoiado as exigências do FMI de que a América Latina cultive "culturas de rendimento" (marijuana e cocaína) para cumprir as suas obrigações internacionais de dívida. O FMI tem encorajado oficialmente vários países, incluindo a Jamaica e a Guiana, a cultivar culturas de rendimento relacionadas com a droga. A posição do FMI é bem conhecida. John Holdson, um alto funcionário do Banco Mundial, disse que a indústria da coca é muito benéfica para os produtores, e acrescentou: "Do seu ponto de vista, eles simplesmente não conseguiam encontrar um produto melhor". O escritório do FMI na Colômbia declarou abertamente que, no que diz respeito ao FMI, a marijuana e a cocaína são apenas mais uma cultura que traz divisas muito necessárias para as economias dos países latino-americanos! O Banco Mundial e o FMI não são os únicos que "aprovaram" o tráfico de droga.

O Midland and Marine Bank foi adquirido pelo banco líder mundial da droga, Hong Kong e Shanghai Bank, com a permissão expressa do antigo chefe do Departamento do Tesouro Paul Volcker, apesar de saber muito bem que o objectivo da aquisição era dar ao Hongshang Bank uma base de apoio no lucrativo comércio de cocaína do Panamá. De facto, a aquisição de Midland por Hongshang foi altamente irregular, fazendo fronteira com os criminosos. O Midland Marine Bank foi notável por uma razão: serviu como banco de compensação para os bancos de droga no Panamá!

Não foi por acaso que o Banco de Hong Kong e Xangai o

assumiram! Nicolas Ardito Barletta fez parte da direcção do Midland Bank, assim como Sol Linowitz. Engraçado como estes nomes continuam a surgir! Aparentemente, Linowitz não pensou que fosse um conflito de interesses quando chegou o momento de "negociar" com Torrijos.

E a First Boston, que lava o dinheiro sujo da droga até ao pescoço em colaboração com o Credit Suisse? Primeiro Boston não é um banco qualquer. Os seus proprietários originais eram a antiga família liberal oriental Perkins, ligada ao império dos Soldados Brancos na Suíça. A propósito, Perkins foi o agente do J.P. Morgan e de várias outras casas britânicas a operar nos Estados Unidos. O facto de os Estados Unidos da América se terem esforçado tanto para se livrarem de um "ditador" de um país pequeno deveria dizer-nos algo. Deve deixar-nos curiosos em saber o que está por detrás do esforço concertado de banqueiros, políticos e chacais da imprensa para se verem livres do General Noriega. Espero que com a informação que vos forneci possa agora compreender porque é que o Panamá ainda se encontra sitiado!

Desde a primeira indicação em 1986/87 de que algo estava errado com os planos dos banqueiros de droga de usar o General Manuel Noriega como seu instrumento, os bancos Rockefeller e Wall Street começaram a conspirar para o forçar a sair do poder. No entanto, quando todas as tentativas falharam, foram consideradas medidas mais radicais. É evidente que em 1988, Noriega tinha-se tornado um sério obstáculo ao comércio da droga no Panamá. Vamos agora examinar as medidas extraordinárias que Rockefeller tomou para o afastar do cargo devido aos seus ataques ao Banco Ibero-Americano do Panamá, e as implicações que se seguiram.

Porque é que o Presidente G.H.W. Bush teve de recorrer à acção criminosa de invadir o Panamá e raptar o seu Chefe de Estado? Foram apresentadas muitas razões para esta acção verdadeiramente ilegal e iremos examinar algumas delas. Se o povo americano não tivesse sido mergulhado num nevoeiro permanente, a invasão do Panamá pelos militares norte-americanos teria causado um enorme clamor.

O Noriega estava ao serviço da Agência Central de Inteligência? Alfredo Duncan, o agente da DEA responsável no Panamá, acreditava que sim? Se assim for, pode ajudar a explicar a sua estranha conduta. De acordo com relatórios de um agente infiltrado da DEA que se demitiu do seu posto, pensava que Duncan tinha "uma relação excepcional com a CIA".

Também foi dito ser este o caso em torno do Hotel Marriott no Panamá, conhecido pelos traficantes de droga como um "hotel DEA". O mesmo agente queixou-se que nunca conseguiria que Duncan "fizesse nada" sobre operações de droga planeadas no Panamá para as quais a sua ajuda era necessária. Quando lhe foi ordenado que prendesse um homem chamado Remberto, um chefe da lavagem de dinheiro da droga no Panamá, Duncan aparentemente nada fez, e quando questionado sobre a sua negligência, disse que Remberto tinha sido levado pela CIA antes de poder agir.

Mais tarde foi alegado que Remberto tinha ligações com Noriega, mas nunca foram produzidas provas para apoiar esta alegação. Em 1986, Noriega fechou o Primeiro Banco Interamericano quando foi provado que era propriedade do cartel de Cali.

O que é o Cartel de Cali? Foi provavelmente um dos maiores cartéis de droga na Colômbia, supostamente trabalhando com agências governamentais dos EUA contra o cartel de Medellín. O *Washington Post* admitiu o mesmo. Um dos lobistas oficiais de Cali foi Michael Abbell, que foi funcionário do Departamento de Justiça durante 17 anos. A 28-29 de Outubro de 1989, o Presidente Bush e os seus aliados realizaram uma cimeira na Costa Rica, com a participação de líderes políticos da América Central e do Sul. Na conferência de imprensa que se seguiu, o Presidente Bush disse aos repórteres: "Os dias daquele déspota, o ditador (Noriega), acabaram.

Isto enviou um sinal à imprensa de que o caso "urgente" de Noriega tinha agora sido resolvido através de consultas conjuntas com a Venezuela e a Nicarágua, entre outros, embora Bush tenha tentado oficialmente distanciar-se do Presidente da Nicarágua, Daniel Ortega. Por muito que o Presidente Bush tentasse dar o veredicto unânime contra o líder panamenho, o facto de a maioria do júri, Bolívia, Guatemala e República Dominicana não ter sequer comparecido ao "julgamento", um facto que teria enfurecido Bush e o seu chefe executivo, James Baker III. O Presidente Carlos Salinas Gortari deveria ter desempenhado um papel fundamental no caso do linchamento. Talvez Gortari tenha decidido que a discrição era a melhor parte do valor, depois de evitar por pouco um grande escândalo de droga em que um dos seus principais generais foi salvo da prisão num negócio de droga por um telefonema de aviso do então Procurador Geral Edwin Meese sobre o que estava para vir. O presidente venezuelano Carlos Andreas Perez, embora não fosse um cavaleiro branco, foi aquele cujas fontes de informação disseram que haveria um golpe contra Noriega sob o pretexto de uma "força conjunta" a 3 de Outubro de 1989, mas essa tentativa falhou. Assim como a tentativa de pressionar as nações latino-americanas a cortarem relações diplomáticas com o Panamá. O Presidente Bush disse aos chefes de Estado que era melhor apoiarem o seu plano para enfrentar Noriega, ou então... Mas a conferência terminou sem um acordo final.

Isto mostra o quanto Bush temia Noriega e o quanto o seu governo estava disposto a ir baixo para atingir os seus fins. Bush encontrou-se com as "forças de oposição" panamenses, a chamada Aliança Cívica da Oposição Democrática Panamenha, que consistia em figuras públicas bem conhecidas por terem ligações a bancos no Panamá e na Florida que lavam dinheiro da droga. O seu líder, Guillermo Endara, foi à televisão e apelou abertamente para o assassinato de Noriega.

No seu regresso ao Panamá, Endara negou ter alguma vez apelado a tal acção. Noriega contra-atacou então os conspiradores costa-riquenhos, fazendo com que o Presidente Rodriguez enviasse uma carta aberta aos presidentes latino-americanos, que continha uma cópia da oferta às Nações Unidas para fazer do Panamá a sede de uma força multinacional antidroga, facto que o Presidente Bush não tinha deixado claro.

A carta de 3 de Outubro de 1989 à ONU apelava ao estabelecimento dessa força através de um tratado internacional que lhe garantisse plena autoridade no Panamá, mas não houve resposta da administração Bush nem da ONU. A carta também castigou a Venezuela e outros "parceiros Bush" por apelarem à "democracia" no Panamá, sem nunca mencionar o boicote ilegal e pernicioso posto em prática pelo Presidente Bush sem razões válidas ou apropriadas. Ao longo de Outubro e Novembro de 1989, as forças dos EUA no Panamá assediaram as forças de defesa panamenses, na esperança de criar um incidente que justificasse a intervenção militar dos EUA, mas o PDF nada fez. Mais tarde foi demonstrado (Maio de 1989) que a administração Bush alterou as regras de empenhamento das forças norte-americanas no Panamá.

Agora os militares foram ordenados a fazer todo o possível para procurar confrontos com os PDFs. O Pentágono preparava-se secretamente para provocar os soldados de Noriega, enviando comboios através dos arredores da Cidade do Panamá, o que estava em contradição com o tratado com o Panamá. A premissa subjacente era que Noriega se zangaria e encomendaria os PDFs para confrontar os comboios dos EUA, o que prepararia o terreno para um grande conflito.

**Intervenção dos EUA**

A 8 de Julho de 1989, o General Cisneros, comandante do Exército do Sul dos EUA no Panamá, pôs de lado as tentativas da Organização dos Estados Americanos (OEA) para negociar e resolver a crise. O General Cisneros declarou que a OEA

> "... não agiria com firmeza suficiente para desalojar Noriega. No que me diz respeito, penso que está na hora de uma intervenção militar no Panamá".

Desde quando é que os militares americanos decidem sobre questões políticas? Esta acção foi uma espécie de teste ao que Bush tinha em mente para o Iraque. A 20 de Dezembro de 1989, depois de todos os outros métodos não terem conseguido desalojar o popular Noriega, Bush deu luz verde a um acto de agressão violenta contra o povo panamenho, resultando na morte de 7.000 panamenses e na destruição de toda a região de Chorrillo por um bombardeamento prolongado de tropas e aviões americanos. Esta acção, levada a cabo pelos militares americanos, foi um acto de agressão aberta contra uma nação pacífica, e constituiu uma violação flagrante da Constituição dos EUA e das Convenções de Haia e de Genebra, das quais os EUA são signatários.

Examinemos as verdadeiras razões pelas quais o Presidente Bush, sem antes obter uma declaração de guerra do Congresso, entrou em guerra contra a pequena nação do Panamá e, como um desesperado, ordenou o rapto do chefe de Estado? Porque é que o Presidente Bush teve de recorrer a meios tão desesperados para se ver livre do Noriega? Porque é que Bush recorreu a tais tácticas de gangsters? De acordo com alguns relatórios, uma das principais razões foi avisar as nações latino-americanas que, a partir de agora, se não se curvassem à vontade de Washington, também elas seriam ameaçadas com uma acção militar dos EUA.

Não há razão para acreditar que a campanha de propaganda maciça em torno da acção militar ilegal dos EUA contra o Panamá e Noriega, que o Presidente queria que o mundo acreditasse que acabaria com o tráfico de droga no Panamá, e que ele acusou Noriega de liderar, tenha sido mesmo parcialmente bem sucedida. Não há precedentes na Constituição dos EUA ou no direito internacional para um ataque não provocado ao Panamá.

Que provas substantivas forneceu o Presidente Bush para apoiar as suas acusações? Não foi oferecida uma única prova. Devíamos simplesmente acreditar na palavra do Presidente. Quais eram então os objectivos da invasão? O primeiro objectivo era destruir a força de defesa panamenha, a única força capaz de manter a lei e a ordem no país. Com este objectivo alcançado, o passo seguinte foi instalar, pelos meios mais antidemocráticos possíveis, um regime fantoche composto por pessoas com os laços mais estreitos com os bancos de branqueamento de dinheiro da droga, e conhecidos apoiantes de longa data da família Bush.

A destruição do PDF tinha outro objectivo secundário, que dizia respeito aos tratados do Canal do Panamá, ao abrigo dos quais os Estados Unidos e o Panamá deveriam defender conjuntamente o canal. Este compromisso deveria ser retirado em 1999, altura em que o PDF seria suficientemente forte para assumir a responsabilidade total pelo policiamento do canal e as forças militares dos EUA seriam forçadas a abandonar o país. Uma disposição fundamental dos tratados estipulava que, no caso de o Panamá não cumprir as suas obrigações ao fornecer tal força de segurança, seria mantida uma "presença militar dos EUA". Esta foi considerada uma disposição 'boa' quando foi inserida por Sol Linowitz, que redigiu os tratados. Estava lá para evitar que qualquer futuro líder panamenho "saísse da linha", embora não fossem previstos problemas com Omar Torrijos.

Quando Torrijos começou a renegar os seus acordos pessoais com David Rockefeller para proteger os bancos de lavagem de dinheiro da droga, não foi possível nessa fase destruir o PDF, embora muitas tentativas tenham sido feitas para iniciar uma revolta que iria dividir o corpo, mas todas falharam. Torrijos foi portanto "liquidado" à maneira da CIA. Liquidação" tornou-se a língua da CIA após o mandato de Alan Dulles como seu chefe. Antes dessa altura, a palavra nunca foi usada por nenhuma agência de inteligência dos EUA. Era uma palavra estritamente estalinista.

Porque seria desejável manter as forças dos EUA no Panamá numa base permanente? O advento da Guerra do Golfo e a segunda invasão do Iraque pelas forças dos EUA fornecem a chave. Os EUA quiseram estacionar uma força de destacamento rápido no Panamá para usar contra nações recalcitrantes da América Latina e Caraíbas, da mesma forma que uma força de destacamento rápido estará permanentemente estacionada no Iraque para lidar com países muçulmanos que possam desejar nunca ter sido amigos dos EUA.

Esta é a chamada "doutrina da projecção hemisférica" estabelecida pelos planificadores do Pentágono. Veremos bases permanentes semelhantes em muitas partes do mundo, incluindo o Paquistão, Coreia do Sul, Somália, Irão, e Afeganistão, à medida que os Estados Unidos se tornam mais flexíveis no seu papel de aplicador do "grande pau" para o aplicador global que viemos a conhecer como a Nova Ordem Mundial. No entanto, até agora, nem uma única voz de protesto foi levantada contra isto no Senado. Posso acrescentar, sem modéstia, que estes eventos foram previstos no meu livro, *One World Order, Socialist Dictatorship*.[4]

O Panamá tornou-se importante como base para as operações dos EUA contra as nações latino-americanas, que em algum momento no futuro se poderão revoltar contra o coleccionador de tributo, o FMI, ao verem os seus povos e nações desaparecerem no lodaçal criado pelos cambistas internacionais de dinheiro. É evidente que uma acção imediata seria exigida pela "força policial internacional" do FMI, os Estados Unidos da América, no caso de qualquer país tentar expulsar o FMI. Assim, as bases em Fort Clayton assumiram uma nova importância. A América Latina foi intimidada e assustada pela impiedade das acções militares dos EUA no Panamá. Para ser franco, os líderes destas nações não estavam à sua espera, e quando chegou, a sua ferocidade assustou-os, que era exactamente o que se esperava que fizesse.

Claramente, a maioria dos líderes latino-americanos pensava que a Ordem dos Crânios e Ossos era uma espécie de organização benevolente, "como os Shriners", que criaria "uma América mais gentil e gentil", como disse um funcionário.

Mal sabiam eles do envolvimento da Coroa Britânica nas actividades dos EUA, ou dos seus laços de longa data com o comércio da droga. Em apoio desta informação, Endara, instalada pela força e de forma antidemocrática, propôs que após o ano 2000 todas as bases no Panamá fossem postas à disposição

---

[4] *A Ditadura da Ordem Mundial Socialista*, Omnia Veritas Ltd, www.omnia-veritas.com.

dos militares dos EUA.

O segundo objectivo da invasão de Bush no Panamá foi instalar um novo governo de lacaios seleccionados com uma história de alianças de longa data com bancos, cujo principal negócio era lavar dinheiro da droga para alguns dos mais importantes cartéis de cocaína. Nisto, a missão de Bush era proteger os interesses dos bancos Rockefeller no Panamá, que o General Noriega tinha começado a esventrar e a ameaçar demolir. De facto, este objectivo de Bush foi alcançado.

O terceiro objectivo da invasão do Panamá era fazer o povo americano acreditar que se tratava de uma grande escalada da guerra do Presidente contra a droga, essa acção mítica e inexistente que nunca vai a lado nenhum. Ao invadir o Panamá, Bush sabia que a sua "guerra contra a droga" iria receber um grande impulso, especialmente no Capitólio, onde os legisladores estavam a sofrer com a falta de progresso e sob constante pressão para legalizar a droga. A fase seguinte seria a de montar uma "guerra ao terror", que teria um alcance global e uma duração indefinida.

Em Fevereiro de 1990, coisas muito estranhas começaram a acontecer. Os meios de comunicação social americanos, sempre firmes apoiantes de Bush e do seu regime autocrático, começaram a fazer sons invulgares. Tomemos por exemplo o relatório no *New York Times* de 7 de Fevereiro. Mesmo tendo em conta o facto de o jornal ser um posto avançado dos serviços secretos britânicos chefiado por funcionários americanos, não faz sentido que o jornal tenha publicado a verdade.

Referindo-se a artigos anteriores, é notável que o *New York Times* (NYT) tenha nomeado as mesmas pessoas que eu criticava por estarem demasiado próximas dos bancos corruptos que lavam dinheiro da droga. Sob o título "Panamá Resiste à Pressão dos EUA para Alterar Leis Bancárias Inadequadas", o artigo afirma:

> *Um exame atento dos registos bancários panamenses e dos documentos do tribunal mostra que muitos altos funcionários do governo (criados pelos EUA), embora nunca acusados de branqueamento de capitais, têm ligações estreitas com bancos*

*corruptos. Vários destes bancos foram acusados de branqueamento de capitais ou foram encerrados devido a pressão dos EUA.*

O artigo não dizia que era uma acção do Noriega, que tinha encerrado estes bancos e que os EUA não tinham apoiado o Noriega. Ao olhar para todos os factos, as peças do puzzle começaram a cair no lugar. É claro que o *New York Times* estava a tentar mostrar que os EUA tinham instigado o encerramento dos bancos, quando isso não era de todo verdade, e além disso, ao culpar a "resistência" às mudanças alegadamente emanadas de Washington, podia-se fazer parecer que os EUA estavam realmente a travar uma guerra contra as drogas, mas que o novo governo não estava a cooperar, o que o leitor deve concordar que era um estratagema bastante inteligente.

O artigo continua:

> *O Presidente Guillermo Endara foi durante anos o director de um banco panamenho amplamente utilizado pelo cartel colombiano de Medellín.*

Foi gratificante para mim obter a confirmação de informações dadas muitos anos antes nas minhas monografias sobre o Panamá, mesmo de uma fonte tão inesperada. O Banco Interoceânico de Panamá, um de duas dúzias de bancos panamenses nomeados pelo FBI como branqueadores de dinheiro da droga, é o banco a que o *New York Times* se referiu. Prosseguiu, dizendo:

> *O Sr. Endara, que era advogado de negócios antes de se tornar presidente, é um grande amigo de Carlos Eleta, um empresário panamenho que foi preso em Atlanta em Abril (1989) sob a acusação de conspirar para a criação de uma grande rede de contrabando de cocaína. Foi libertado sob fiança e está agora a aguardar julgamento.*

Claro que o *New York Times* não foi até ao fim, mas o que ele não disse pode ser encontrado aqui, nomeadamente que não era apenas Endara que estava até ao pescoço no branqueamento de dinheiro bancário, mas também os seus amigos que eram altamente favorecidos pela administração Bush.

Outros membros proeminentes do "gabinete do Panamá" da administração Bush incluem o seguinte:

**Rogelio Cruz**

Cruz é o Procurador-Geral da República do Panamá. Foi anteriormente director do Primeiro Banco Interamericano de Desenvolvimento. Este banco era propriedade de Gilberto Rodriguez Orejuela, um homem do alto escalão do cartel de Cali na Colômbia, que já mencionei.

**Guillermo Billy Ford**

Ele é o segundo vice-presidente e presidente da comissão bancária. Acontece também que ele é parte proprietário do Banco de Dadeland, que foi especificamente nomeado nas minhas monografias como um banco de lavagem de dinheiro em drogas. O banco era também a câmara de compensação de dinheiro da droga para Gonzalo Mores, o principal branqueador do cartel de Medellín.

**Ricardo Calderon**

Calderon é o primeiro vice-presidente do Panamá, e os registos mostram que a sua família estava fortemente envolvida em actividades bancárias suspeitas.

**Mario Galindo**

Galindo e a sua família, tal como Calderon, estavam envolvidos em bancos suspeitos de branqueamento de dinheiro da droga, incluindo o Banco del Istmos, cujo presidente, Samuel Lews Galindo, era parente de Mario Galindo.

Todos estes elementos eram bem conhecidos de Ivan Robles, que trabalhava no Dadeland Bank, e Antonio Fernandez, que contrabandeava toneladas de marijuana para os Estados Unidos. Em 1976, a rede Fernandez começou a comprar acções do Dadeland Bank, que era co-propriedade da Ford, Eisenmann e Rodriguez. O Presidente Bush acolheu calorosamente Rodriguez como o enviado "porco" da Endara para os EUA. Ao colocar estes homens em papéis proeminentes no governo panamenho, a administração Bush parecia ter atingido o seu segundo objectivo, nomeadamente facilitar, e não dificultar, o comércio da droga no Panamá, que, como disse anteriormente, era o segundo objectivo da invasão do Panamá.

Na sequência de apelos à revogação das leis de sigilo no Panamá, em defesa da sua posição, a Ford afirmou não haver necessidade de alterar a lei: "O sigilo não será utilizado para fins ilegais". Outros, como o Controlador, disseram que o Panamá não iria alterar nenhuma lei.

"Não devemos mudar todo o nosso sistema legal por causa das drogas. Não podemos mudar todo o nosso sistema jurídico por causa de uma coisa, as drogas",

disse Ruben Diaro Carlos. Ninguém ousou mencionar que isto era exactamente o que Noriega tinha feito, e a principal razão pela qual ele tinha de ser removido à força.

A 31 de Dezembro de 1989, o prestigioso jornal brasileiro *Jornal do Brasil*, o maior diário do país, publicou um artigo de primeira página intitulado "Relações perigosas com traficantes de droga", no qual mencionava os nomes de alguns dos membros do "círculo interno" do governo Bush no Panamá. Estes foram os homens que disseram antes do veredicto no julgamento Noriega em Miami:

"... se o General Noriega for absolvido em Miami, será acusado de homicídio".

Traduzi o artigo, que basicamente dizia que Guillermo Endara seria particularmente vulnerável devido às suas ligações com Carlos Eleta, "acusado de lavar 600 quilos de cocaína e de lavar dinheiro da droga nos EUA". O artigo mencionava também o nome do irmão do Vice-Presidente Calderon, Jaime Calderon, que tinha ligações ao First Inter Americas Bank, propriedade de Gilberto Orejula, que foi acusado em 1985 de transferir $46 milhões, o produto da venda de drogas, para a agência do Banco Cafetero Panamá em Nova Iorque. Segundo o artigo, Billy Ford esteve envolvido com o embaixador em Washington, Carlos Rodriguez, e Bobby Eisenmann na lavagem de fundos de droga através do Dadeland National Bank na Florida.

Num subtítulo, Guillermo Endara é descrito como "Um peão miserável no jogo do americano". O artigo diz: "Endara chama-se Pan Dulce (pães doces), gordos e macios". O artigo continua a dizer que Endara é uma das famílias pobres da oligarquia branca, presente no local desde 1904:

> Endara começou a sua vida política como advogado obscuro na cidade do Panamá no escritório de Galileo Soliz, um ministro dos negócios estrangeiros num dos governos de Anulfo Arias... Endara nunca teve ideias próprias, foi tão leal como um cachorrinho e repetiu o que Arias disse, razão pela qual provavelmente Bush o escolheu para ser o seu "homem sim".

Era este o tipo de homens que Bush queria no comando do Panamá? Aparentemente assim é, e ainda assim, embora haja muitas razões para apontar o dedo ao "governo Bush" no Panamá, nem uma única prova foi apresentada em tribunal para implicar Manuel Noriega. Não deveria um grande júri americano ter investigado este caso há muito tempo? Será esta uma das razões pelas quais Noriega foi mantido incomunicável durante tanto tempo? O Departamento de Justiça tinha medo do que Noriega pudesse dizer no banco das testemunhas?

Os desenvolvimentos no Panamá mostram como era falsa a guerra de Bush contra as drogas. Não há muitas pessoas que não acreditem nisso, e claro que essa é a maior vantagem que os defensores da legalização das drogas têm para si próprios. A sua atitude é: "Olha, mesmo os vastos recursos dos Estados Unidos não são suficientes para parar o tráfico de droga. Porquê tentar combater o inevitável? Porque não fazer leis que centralizem o controlo e retirem as drogas das mãos dos elementos criminosos? "Há quem faça lobby junto do Congresso e ameace a guerra civil se isto não for feito rapidamente. A constante projecção nas notícias nocturnas de "brutalidade policial" alegadamente dirigida principalmente contra os pobres nas grandes cidades americanas está a ter o efeito desejado. Não se deve imaginar que estes relatórios sejam "notícias". A meta e o objectivo das grandes redes noticiosas durante este período era fazer os pobres compreenderem que estavam a ser vítimas da brutalidade policial enquanto os "grandes", geralmente brancos, se safavam. Os líderes negros exigiram que a "pressão" sobre a população negra fosse tirada ou que as drogas fossem legalizadas.

A invasão do Panamá deu ao lobby da droga uma base sobre a qual construir. "Se não parou o fluxo de drogas, como é que a polícia deve lidar com isso?" perguntaram eles. Um dos líderes pró-droga, Andrew Weill, disse numa conferência da Drug Policy Foundation que, devido à brutalidade policial contra os negros urbanos nas rusgas de droga, uma guerra civil poderia deflagrar a qualquer momento. Ira Glasser, director executivo da União Americana das Liberdades Civis, disse a uma audiência que a legalização das drogas se tornou uma questão de direita, apoiada por personalidades como George Schultz, William F. Buckley e Milton Friedman. Glasser instou a nação a "ultrapassar os negativos e começar a convencer a polícia, os legisladores e o público" da ideia de legalizar as drogas.

Kevin Zeese, vice-presidente e conselheiro geral da Drug Policy Foundation, disse:

> A guerra contra as drogas é mais prejudicial do que as drogas. É praticamente o que o equilíbrio se resume a isso. A guerra contra as drogas é mais perigosa para a nossa sociedade do que as drogas são? Podemos lidar com o problema da droga de uma forma menos onerosa para a nossa sociedade - não apenas em termos económicos, mas também em termos humanos?

Zeese prosseguiu dizendo que a heroína era uma fuga ao sofrimento, o que, embora não partidarizado, ele conseguia compreender. Agora que o General Noriega raptado está a definhar numa prisão federal em Miami, o que é que o Departamento de Justiça de Bush tenciona fazer com ele?

Uma das coisas que me intriga é o silêncio ensurdecedor das organizações de liberdades civis neste país e em todo o mundo sobre os crimes cometidos contra ele pelo governo dos EUA. Seria de imaginar que o rapto de um chefe de estado suscitaria rugidos de protesto por parte destes cães de guarda da liberdade. No entanto, nada do género aconteceu. Imagine o que teria acontecido se Nelson Mandela tivesse sido raptado da África do Sul e levado para, digamos, Itália para ser julgado. Teria havido clamores e tumultos intermináveis até Mandela ser libertada. O rapto e o encarceramento ilegal de Noriega realça o facto de termos um deplorável duplo padrão neste país, que aparentemente o povo americano não acha tão mau, ou será por terem sofrido uma lavagem cerebral por parte da imprensa?

Porque é que o julgamento do General Noriega foi adiado por tanto tempo? Afinal, todas as possíveis violações dos seus direitos já tinham sido cometidas, tais como o controlo das suas conversas telefónicas com o seu advogado e o congelamento dos seus fundos, de modo que teria de aceitar um advogado nomeado pelo tribunal. Além disso, com os Estados Unidos a exercer um controlo total e sem restrições sobre o Panamá, poder-se-ia imaginar que o Departamento de Justiça dispunha das provas documentais necessárias para o processar com êxito. Porquê o longo e indecoroso atraso? Não é a justiça atrasada a justiça negada?

A 16 de Novembro de 1990, Noriega fez uma declaração ao Juiz William Hoevler que vale a pena repetir, pois mostra como a justiça tem sido prostituída no caso Noriega:

> "Estou agora à mercê de um sistema totalmente injusto e injusto, que escolhe os meus procuradores, e agora escolhe o meu advogado de defesa. Quando fui trazido para os Estados Unidos, acreditei erroneamente que iria ter um julgamento justo. Para que isto acontecesse, também acreditei que poderia usar o meu dinheiro para contratar os advogados da minha escolha. É dolorosamente óbvio que o governo dos EUA não quer que eu seja capaz de me defender e tem feito todos os possíveis para me negar um julgamento justo e o devido processo.
>
> Levaram o meu dinheiro, privaram-me dos meus advogados, filmaram-me na minha cela, gravaram as minhas conversas telefónicas com os meus advogados e até as entregaram ao governo de Endara e à imprensa. O governo dos EUA ignorou o meu estatuto de prisioneiro de guerra e violou a Convenção de Genebra.
>
> O pior é que eles não agiram de forma humanitária. Apesar dos

repetidos pedidos da Cruz Vermelha Internacional, eles violaram os meus direitos humanos ao negarem à minha esposa e filhos vistos para visitar o seu marido e pai, o que constitui uma vergonhosa violação do direito internacional.

É obviamente do interesse do governo dos EUA que eu não me possa defender, porque sei o que eles temem. Este não é um caso de droga. Compreendo que este caso tem implicações ao mais alto nível do governo dos EUA, incluindo a Casa Branca.

Nunca tive quaisquer ilusões de que este caso iria ser uma luta justa, mas também nunca esperei que um exército virtual de procuradores e investigadores estivesse num campo de batalha tão desigual e só fosse permitido aos advogados que não recebem nada e só podem andar armados enquanto o Ministério Público tiver armas nucleares. Chamam-lhe uma luta justa; a batalha pela frente é muito semelhante àquela que os EUA travaram quando invadiram o meu país. Isso foi unilateral e injusto, e esta batalha também o é. "

A situação em que Noriega se encontrava era a situação em que cada americano poderia um dia ser confrontado com um governo corrupto e brutalizado. A situação de Noriega fez troça do 4 de Julho. Faz troça da Constituição dos EUA. Entretanto, não se ouve uma única voz a defender Noriega, e para mim, essa é uma das coisas mais vergonhosas de uma situação vergonhosa. Esta não é uma situação que possa ser ignorada, porque o que aconteceu a Noriega é da responsabilidade de todos os americanos. O que tem sido largamente ignorado pelos meios de comunicação social é o facto de que ao invadir o Panamá e raptar o General Noriega, os Estados Unidos violaram não só a Constituição americana, mas também a carta da Organização dos Estados Americanos (OEA) da qual é signatária, incluindo os Artigos 18, 15, 20 e 51.

O artigo 18 declara:

> Nenhum Estado ou grupo de Estados tem o direito de intervir, directa ou indirectamente, por qualquer razão, nos assuntos internos ou externos de outro Estado.

O artigo 20 declara:

O território de um Estado é inviolável; não pode ser sujeito, mesmo temporariamente, a ocupação militar ou outras medidas de força por outro Estado.

Mencionei anteriormente que Bush não obteve uma declaração de guerra do Congresso antes de invadir o Panamá. Em vez disso, Bush optou por contornar a Constituição, informando o Congresso que invocava a Lei das Emergências Nacionais devido a uma emergência nacional causada por

> "uma ameaça invulgar e extraordinária para a segurança nacional e a política externa dos Estados Unidos colocada pela República do Panamá".

Esta chamada lei é uma farsa total, uma "tabula raza", um pedaço de papel sem valor concebido unicamente para subverter a Constituição dos EUA.

O Presidente mentiu ao público americano quando disse a 20 de Dezembro de 1989:

> "Na sexta-feira passada, o General Noriega declarou que a sua ditadura militar se encontrava em estado de guerra com os Estados Unidos. "

De facto, não havia uma única prova que sustentasse uma acusação tão absurda.

Em suma, foi uma mentira gritante. Apesar de tudo o que o Presidente fez ou disse, não conseguiu obter uma declaração de guerra contra o Panamá, que repetiria enviando aquela nação para a guerra com o Iraque, e que provavelmente assistiria ao início da morte da Constituição dos EUA.

Outra mentira do Presidente foi a sua afirmação, em 20 de Dezembro, de que

> "As ameaças e ataques imprudentes do General Noriega contra americanos no Panamá criaram um perigo iminente para os 35.000 cidadãos americanos no Panamá".

A verdade é que houve apenas um ataque ao pessoal militar dos EUA, que resultou do plano de confrontação deliberado ordenado pelo General Cisneros. Essa tragédia única ocorreu quando três fuzileiros norte-americanos passaram por três pontos de controlo PDF diferentes. Depois de parar no quarto, houve uma altercação entre o PDF e os Fuzileiros navais que não estavam fardados.

Os fuzileiros fugiram então e, após terem sido repetidamente mandados parar, foram disparados tiros, um dos quais se revelou fatal. O Presidente Bush é o culpado da morte deste soldado. Só sobre esta tragédia, Bush baseou a sua absurda afirmação de que o General Noriega tinha declarado guerra aos Estados Unidos e "ameaçado a integridade dos tratados do Canal do Panamá". O que o Secretário Cheney disse ao público americano foi que a administração Bush tinha planos de invasão prontos já em Março de 1989.

O próprio Secretário Cheney tende a confirmar isto quando o disse a 20 de Dezembro:

> "A ordem foi dada tardiamente no domingo para implementar o plano que já estava em vigor há algum tempo. Foi uma das primeiras coisas em que fui informado quando me tornei secretário de defesa na Primavera passada. "

Cheney foi um desordeiro inveterado, um mestre do engano, e os Estados Unidos estão destinados a perder muito do seu tesouro e dos seus filhos por causa da duplicidade deste homem. Deve ser banido de exercer qualquer cargo público no futuro. Outra mentira da administração foi o anúncio feito por Marlin Fitzwater, falando em nome do Presidente em 20 de Dezembro de 1989. Fitzwater disse à nação que "a integridade dos tratados do Canal do Panamá está em risco". Na mesma data, James Baker III disse à imprensa que um dos objectivos da invasão americana era "defender a integridade dos direitos dos Estados Unidos ao abrigo do Artigo IV dos Tratados do Canal do Panamá". Mas quando lhe foi pedido que enumerasse exactamente que ameaças tinham sido feitas por Noriega contra a integridade dos tratados, Baker não foi capaz de dar nenhuma. A sua resposta foi:

> "Bem, é muito especulativo, excepto que - quero dizer, deixem-me apenas dizer com respeito que já dissemos que prevemos que poderá haver problemas em relação ao Canal se Noriega

continuar a reter o poder ilegitimamente. Em termos dos desafios à integridade dos nossos direitos durante os últimos dois ou três anos, referir-me-ia apenas ao - durante o último ano - talvez devesse voltar atrás, mas, durante o último ano, referir-vos-ia ao padrão contínuo de assédio que temos visto ali contra os americanos no exercício dos nossos direitos decorrentes dos tratados. "

Esta "prova" desajeitada, de tropeço e precipitada de que Noriega tinha ameaçado os direitos do canal dos EUA foi a melhor que Baker conseguiu arranjar. Que pobre mentiroso ele acabou por ser. No entanto, com base em provas totalmente infundadas e não apoiadas produzidas pelo Presidente Bush, pelo Secretário Cheney e pelo Secretário Baker, esta nação cometeu uma invasão grosseiramente ilegal de um Estado soberano com o qual tinha um tratado, e violou o direito internacional e constitucional.

Ao raptar o General Noriega, o nosso governo baixou-se ao nível dos piratas da Costa da Barbária e, ao fazê-lo, pisou a Constituição dos EUA e o direito internacional. Quer gostemos ou não, quer estas palavras pareçam duras e hipócritas, os factos são os factos e não podem ser negados. Como nação, somos todos igualmente responsáveis, juntamente com o Presidente Bush, pela conduta sem lei da sua administração, porque nos mantivemos firmes e permitimos que isso acontecesse sem sequer um lamuriar de protesto.

O Presidente Bush disse aos americanos no ar que uma das razões pelas quais ordenou a invasão do Panamá foi "para defender a democracia".

Embora nenhum de nós se tenha apercebido disso, esta seria uma das desculpas para ir para a guerra com o Iraque. A democracia tinha de ser salva no Iraque, independentemente do facto de nunca antes ter havido qualquer indício dela naquela ditadura. A propósito, os Estados Unidos não são uma democracia, mas uma República. Nós também não somos os polícias do mundo.

Já não somos uma nação de leis desde a nossa guerra genocida contra o Iraque! A democracia estava viva e de boa saúde no Panamá. Apesar de dois anos de interferência grosseira, muitas vezes grosseira e flagrante nos assuntos internos do Panamá, em flagrante violação do tratado da OEA do qual os EUA são signatários, e apesar de pelo menos duas tentativas criminosas de assassinar o General Noriega em Maio de 1989, foram realizadas eleições nacionais.

Qual foi a reacção do Presidente Bush? Fortemente apoiada pelos chacais dos media, a administração Bush gastou mais de 11 milhões de dólares para apoiar a plataforma de oposição fortemente dominada pelas drogas de Endara, Billy Ford e Calderon.

Com base na sua experiência com as eleições filipinas em que todos os ramos do governo dos EUA, incluindo os nossos serviços de inteligência, estiveram envolvidos, Bush ordenou o destacamento do "cenário Marcos" contra o povo do Panamá. O bando do Bush-funded Endara desencadeou uma onda de agitação, roubou as urnas para que os votos não pudessem ser contados, gritando sempre alto que os votos tinham sido "adulterados". Foi uma repetição sinistra das eleições filipinas, com "observadores internacionais" pagos por prostitutas e o habitual corpo de chacais dos meios de comunicação, todos a gritar o seu apoio a estas mentiras e um presságio sinistro das coisas que virão nos próprios EUA.

No meio do caos criado por Bush e incapaz de contar os votos, o governo panamenho fez o que qualquer outro governo teria feito, cancelou as eleições. Não poderia ter feito de outra forma, dadas as operações de sabotagem maciças e generalizadas levadas a cabo pela administração Bush. Pelo menos, era isso que Bush esperava que acontecesse. Mesmo nessa altura, o governo panamenho estava ansioso por provar ao mundo que estava a tentar fazer a coisa certa. Ofereceu à quadrilha de oposição Endara a oportunidade de participar num governo de coligação.

A conselho de Washington, esta generosa oferta foi rejeitada pelo "pobre peão branco" Endara. Como vimos nas "negociações" no Iraque, Bush estava determinado a destruir o PDF, raptar Noriega e ocupar o Panamá, e nenhuma quantidade de boa vontade oferecida por homens justos iria impedi-lo de alcançar os seus objectivos. Na verdade, sob a administração Bush, a América tornou-se a nação mais maligna do mundo, uma verdadeira tirania despótica.

Num dos actos mais espantosos e descarados da sua carreira, o Presidente Bush declarou o bando Endara, envolvido no tráfico de droga, como sendo o "governo oficial do Panamá". Estes homens, tão fortemente envolvidos em bancos de lavagem de droga, fizeram um "juramento" numa base militar dos EUA. Se alguma vez existiu uma lei da selva, foi esta. 45 minutos mais tarde, os EUA invadiram a nação soberana do Panamá num dos actos de agressão mais flagrantes deste século. Se isto era democracia em acção, então Deus ajude a América, porque o que aconteceu no Panamá será certamente repetido dentro do país e mesmo em todo o lado, uma vez que o Partido Republicano se torna o partido de construção do império.

Permitimos que o mal triunfasse, optando por permanecer em silêncio. Temos sido indiferentes ao sofrimento de outras nações nas mãos dos Estados Unidos, por isso, quando chegar a nossa vez, teremos apenas a nós próprios a culpa. A nossa falta de protesto, mesmo a nossa aprovação da lei da selva em acção no Panamá e no Iraque, torna-nos merecedores do castigo de Deus Todo-Poderoso, que certamente virá sobre esta nação por causa da nossa tolerância para com as más acções. Por onde quer que viaje vejo cartazes e cartazes: "Deus abençoe a América" e tenho de me perguntar por que razão Deus abençoaria a América quando tanto mal é feito em Seu nome?

Outra desculpa para a invasão do Panamá apresentada pelo Presidente Bush era que íamos ao Panamá "para combater o tráfico de droga". Foi isto que Bush teve a audácia de dizer a 20 de Dezembro de 1989, ao preparar o seu "discurso de Natal" ao povo do Panamá e dos Estados Unidos. Uma análise dos ficheiros da DEA revelaria em breve que John Lawn, o antigo chefe da DEA, tinha frequentemente citado em termos brilhantes a total cooperação que tinha recebido do General Noriega, do PDF e do governo panamenho. Durante o mandato do General Noriega, o problema da droga tinha diminuído significativamente.

A 27 de Maio de 1989, John Lawn escreveu a Noriega para o felicitar pela valiosa assistência que tinha recebido na bem sucedida apreensão das contas bancárias dos traficantes de droga, que Lawn descreveu como "a operação secreta de maior sucesso na história da Polícia Federal".

Disse Lawn:

> "Mais uma vez, a DEA dos Estados Unidos e as autoridades de aplicação da lei da República do Panamá uniram forças para dar um golpe eficaz aos traficantes de droga... "

O seu compromisso pessoal com a OPERATION POISSON e os esforços profissionais competentes e incansáveis de outros funcionários da República do Panamá foram essenciais para o resultado bem sucedido desta investigação.

Os traficantes de droga em todo o mundo sabem agora que os rendimentos e lucros das suas actividades ilegais não são bem-vindos no Panamá.

Não é de admirar que os senhores e senhoras de Inglaterra e os denzentes de bancos de Wall Street começassem a preocupar-se. Não admira que Rockefeller tenha ordenado a Bush que se livrasse de Noriega e do governo panamenho o mais depressa possível. Noriega foi realmente sério e sincero na sua guerra contra a droga! Apesar de ter afirmado que Noriega era um traficante de droga, o Presidente Bush nunca forneceu quaisquer provas que sustentassem as suas afirmações.

De facto, Adam Murphy, que chefiou a Força de Intervenção da Florida no âmbito do Sistema Nacional de Interdição de Fronteiras de Narcóticos (NNBIS), declarou categoricamente que

> "Ao longo do meu mandato no NNBIS e no Grupo de Trabalho do Sul da Florida, nunca vi qualquer informação que sugerisse que o General Noriega estivesse envolvido no tráfico de droga. De facto, sempre defendemos o Panamá como um modelo de cooperação com os Estados Unidos na guerra contra a droga. Lembre-se de que uma acusação do grande júri neste país não é uma condenação. Se o caso Noriega alguma vez for a

julgamento, irei rever as provas e as conclusões do júri, mas até isso acontecer, não tenho provas directas do envolvimento do general. A minha experiência é o contrário. "

No entanto, apesar das recomendações brilhantes de John Lawn para o General Noriega e o governo panamenho na sua carta de 27 de Maio de 1987, menos de um mês depois Bush encenou uma revolta contra o governo legítimo do Panamá. Carlos Eleta e os seus parceiros comerciais, incluindo Endara, o peão, receberam imediatamente o apoio dos militares dos EUA no Panamá. Vimos o mesmo modus operandi no Irão com a destituição do Primeiro Ministro Mossadegh durante a investigação do General Hauser dos EUA.

Esta nojenta violação do tratado da OEA não foi protestada por ninguém neste país. Pat Robertson, o televangelista, e todos os seus associados que amam a liberdade permaneceram em silêncio face à comprovada ilegalidade do governo dos EUA. Por conseguinte, merecemos o que vamos receber quando o governo virar as suas políticas sem lei para dentro e as utilizar internamente para os seus cidadãos. Foi o sucesso do governo panamenho de Noriega no desenraizamento da máfia da droga do Panamá, conduzido com base no facto de acreditar tolamente que os Estados Unidos estavam de facto envolvidos numa guerra contra a droga, e por um desejo sincero de cumprir as suas obrigações do tratado da OEA para com os Estados Unidos, que causou a queda do governo panamenho e do General Noriega. Ao permitir ao Presidente Bush desrespeitar a Constituição dos EUA, será também o fim dos EUA tal como a conhecemos.

O "crime" de que Noriega e o seu governo são culpados é o de terem feito o seu trabalho demasiado bem e, ao fazê-lo, terem pisado fortemente os pés da Dope International Limited e dos senhores, senhoras e senhores que se sentam no seu tabuleiro. Que isto seja uma lição para todos aqueles no mundo que acreditam que a administração Bush está realmente empenhada numa guerra contra a droga. É uma guerra falsa, nada mais e nada menos, e como vários agentes de campo da DEA afirmaram, incluindo um que assumiu a The Corporation, o enorme cartel boliviano da cocaína, e os seus parceiros mexicanos, descobriram da maneira mais difícil que era mais provável estar "reformado do que elogiado" se se aproximasse demasiado das pessoas de topo no comércio da droga, ou sofrer às mãos de um tirano e ter o seu destino resolvido por um tribunal fantoche.

A situação no Panamá em 2009 é que a droga circula mais livremente do que nunca; e os bancos de lavagem de dinheiro da droga estão a operar mais livremente. A economia do país está em desordem e à espera de uma injecção americana de milhões de dólares americanos, mas nada disto é realmente importante. O que importa é que a "democracia" triunfou no país. Que isto seja uma lição para todos os países da América Latina! Que seja uma lição para todas as nações, que se isto continuar, nenhuma nação do mundo estará segura. Quando se torna amigo dos Estados Unidos, pode perder o seu país.

# Capítulo 5

## O papel do Paquistão na guerra contra a droga

A Liga Muçulmana formou o primeiro governo do Paquistão sob a liderança de Muhammad Ali Jinnah e Liaquat Ali Khan. A liderança da Liga Muçulmana na política paquistanesa diminuiu consideravelmente com a ascensão de outros partidos políticos, nomeadamente o Partido do Povo Paquistanês (PPP) no Paquistão Ocidental e a Liga Awami no Paquistão Oriental, o que levou à criação do Bangladesh. A primeira Constituição do Paquistão foi adoptada em 1956, mas foi suspensa em 1958 por Ayub Khan. A Constituição de 1973, suspensa em 1977 por Zia-ul-Haq, foi reinstituída em 1991 e é o documento mais importante do país, lançando as bases para o governo.

O Paquistão é uma república federal democrática cuja religião estatal é o Islão. O sistema semi-presidencial inclui uma legislatura bicameral com um Senado com 100 membros e uma Assembleia Nacional com 342 membros.

O Presidente é Chefe de Estado e Comandante-Chefe das Forças Armadas. É eleito por um colégio eleitoral.

O Primeiro-Ministro é normalmente o líder do maior partido da Assembleia Nacional. Cada província tem um sistema de governo semelhante com uma Assembleia Provincial eleita directamente, na qual o líder do maior partido ou aliança se torna Ministro-Chefe. Os governadores provinciais são nomeados pelo Presidente.

Os militares paquistaneses têm desempenhado um papel influente na política geral ao longo da história do Paquistão, com presidentes militares no poder de 1958 a 1971, de 1977 a 1988 e desde 1999. O PPP de esquerda, liderado por Zulfikar Ali Bhutto, tornou-se um importante actor político na década de 1970. Sob o regime militar de Muhammad Zia-ul-Haq, o Paquistão iniciou uma mudança acentuada das políticas seculares da era britânica para a adopção da Sharia e de outras leis baseadas no Islão.

Durante a década de 1980, o Movimento Muttahida Qaumi (MQM), um movimento anti-feudal e pró-Muhajir, foi lançado por urbanistas pouco ortodoxos e educados em Sindh e particularmente em Karachi. Os anos 90 caracterizaram-se por uma política de coligação dominada pela PPP e por uma Liga Muçulmana rejuvenescida.

Nas eleições gerais de Outubro de 2002, a Liga Muçulmana do Paquistão (PML-Q) ganhou uma pluralidade de lugares na Assembleia Nacional, sendo o segundo maior grupo os parlamentares do Partido Popular do Paquistão (PPPP), um sub-partido do PPP. Zafarullah Khan Jamali da PML-Q tornou-se Primeiro-Ministro, mas demitiu-se a 26 de Junho de 2004 e foi substituído pelo líder da PML-Q Chaudhry Shujaat Hussain como primeiro-ministro de tomada de posse. A 28 de Agosto de 2004, a Assembleia Nacional votou por 191 a 151 a eleição do Ministro das Finanças e antigo vice-presidente do Citibank, Shaukat Aziz, como Primeiro-Ministro. Muttahida Majlis-e-Amal, uma coligação de partidos religiosos islâmicos, ganhou as eleições na Província da Fronteira Noroeste, e aumentou a sua representação na Assembleia Nacional.

O Paquistão é um membro activo das Nações Unidas (ONU) e da Organização da Conferência Islâmica (OIC), a última da qual o Paquistão tem usado como fórum para a moderação iluminada, um plano para promover um renascimento e esclarecimento no mundo muçulmano. O Paquistão é também membro das principais organizações regionais Associação para a Cooperação Regional da Ásia do Sul (SAARC) e da Organização de Cooperação Económica (ECO). No passado, o Paquistão teve uma relação mista com os Estados Unidos, particularmente no início dos anos 50, quando o Paquistão era o "maior aliado dos

Estados Unidos na Ásia" e membro da Organização Central de Tratados (CENTO) e da Organização do Tratado do Sudeste Asiático (SEATO).

Durante a guerra soviético-afegã dos anos 80, o Paquistão foi um aliado crucial dos Estados Unidos, mas as relações deterioraram-se nos anos 90, quando os EUA aplicaram sanções devido a suspeitas sobre as actividades nucleares do Paquistão. Os ataques de 11 de Setembro e a subsequente guerra ao terror levaram a uma melhoria dos laços EUA-Paquistão, particularmente depois do Paquistão ter terminado o seu apoio ao regime talibã em Cabul. Isto reflectiu-se num aumento drástico da ajuda militar dos EUA, que viu o Paquistão receber mais 4 mil milhões de dólares em três anos após os ataques de 11 de Setembro do que nos três anos anteriores.

Há muito que o Paquistão tem uma relação difícil com a vizinha Índia. A disputa sobre Caxemira levou a guerras em grande escala em 1947 e 1965. A guerra civil de 1971 entrou na Guerra da Independência do Bangladesh e na Guerra Indo-Paquistanesa de 1971. O Paquistão realizou testes de armas nucleares em 1998 para contrabalançar os testes de explosão nuclear da Índia, chamados "Buda Sorridente" em 1974 e Pokhran-II em 1998, respectivamente, e tornou-se o único Estado muçulmano com armas nucleares. As relações com a Índia têm vindo a melhorar constantemente após as iniciativas de paz de 2002. O Paquistão tem estreitas relações económicas, militares e políticas com a República Popular da China.

O Paquistão também enfrenta instabilidade nas Áreas Tribais Federalmente Administradas, onde alguns líderes tribais apoiam os Talibãs. O Paquistão teve de enviar o exército para estas áreas, a fim de acalmar a agitação local no Waziristão. O conflito do Waziristão terminou com um acordo de paz recentemente declarado entre os líderes tribais e o governo paquistanês, que deveria trazer estabilidade à região. Além disso, o país há muito que enfrenta a instabilidade no Balochistão, a sua maior província por tamanho mas mais pequena por população.

O exército foi destacado para combater uma grave insurreição na província de 1973 a 1976. A estabilidade social foi retomada depois de Rahimuddin Khan ter sido nomeado administrador da lei marcial a partir de 1977. Após uma relativa paz nos anos 80 e 90, alguns líderes tribais Baloch reanimaram um movimento separatista quando Pervez Musharraf tomou o poder em 1999. Num incidente em Agosto de 2006, Nawab Akbar Bugti, líder da insurreição de Baloch, foi morto pelas forças militares paquistanesas. A 3 de Novembro de 2007, o Presidente Musharraf declarou o estado de emergência em todo o Paquistão e supostamente suspendeu a Constituição, impondo a lei marcial.

Em Islamabad, as tropas entraram alegadamente no Supremo Tribunal e cercaram as casas dos juízes. Os líderes da oposição como Benazir Bhutto e Imran Khan foram colocados sob prisão domiciliária. Ustice Abdul Hameed Dogar foi nomeado como novo Presidente do Supremo Tribunal do Paquistão, devido à recusa de Iftikhar Muhammad Chaudhry em apoiar o Decreto de Emergência, declarando-o inconstitucional, embora ele próprio tivesse sido empossado sob o regime do PCO em 1999. Em resposta, o Paquistão foi suspenso dos Conselhos da Commonwealth das Nações a 22 de Novembro de 2007.

Nos últimos anos, islamistas militantes da organização Tehreek-e-Nafaz-e- Shariat-e-Mohammadi (TNSM), liderados pelo clérigo radical Maulana Fazlullah, rebelaram-se contra o governo paquistanês em Swat, na província da Fronteira Noroeste. Em 59 aldeias, os militantes estabeleceram um "governo paralelo" com tribunais islâmicos impondo a lei Sharia.

Depois de uma trégua de quatro meses terminada no final de Setembro de 2007, os combates recomeçaram. A polícia de fronteira paramilitar tinha sido destacada para a região para reprimir a violência, mas parecia ineficaz.

A 16 de Novembro de 2007, os militantes terão assumido a sede distrital de Alpuri, na cidade vizinha de Shangla. A polícia local fugiu sem resistir ao avanço das forças militares, que, para além dos militantes locais, incluíam também voluntários usbeques, tajiques e chechenos.

JOHN COLEMAN

Para fazer recuar a militância e restaurar a ordem, o governo paquistanês destacou uma força do exército paquistanês regular, que reconquistou com sucesso o território perdido, enviando os islamistas de volta aos seus esconderijos nas montanhas, mas os ataques suicidas contra o exército continuaram.

Foi noticiado que o Comando de Operações Especiais dos EUA está a considerar alternativas para fornecer assistência eficaz ao Paquistão no que diz respeito a esta e outras insurreições ligadas à Al Qaeda nas áreas tribais do Paquistão, mas a perspectiva permanece incerta, mesmo após um estudo especial em 2008.

A falecida Benazir Bhutto foi a primeira mulher eleita para liderar um Estado muçulmano pós-colonial. Foi eleita duas vezes primeira-ministra do Paquistão. Prestou juramento pela primeira vez em 1988, mas foi afastada do cargo 20 meses mais tarde por ordem do então Presidente Ghulam Ishaq Khan por alegada corrupção.

Em 1993, Bhutto foi reeleito, mas foi novamente destituído do cargo em 1996 por motivos semelhantes. Em 1998, Bhutto exilou-se no Dubai, onde permaneceu até ao seu regresso ao Paquistão a 18 de Outubro de 2007, após a aprovação pelo General Musharraf de uma lei especial que a absolveu de todas as acusações de corrupção, concedendo-lhe amnistia e retirando todas as acusações de corrupção. A filha mais velha do antigo Primeiro Ministro Zulfikar Ali Bhutto - um paquistanês de origem Sindhi - e Begum ('Lady') Nusrat Bhutto, um paquistanês de origem irano-curda, foi acusada pela sua sobrinha Fatima Bhutto de corrupção flagrante e de ser responsável, juntamente com o seu marido Asif Zardari, pelo assassinato do seu irmão Murtaza Bhutto em 1996.

Após dois anos de escolaridade no Convento de Apresentação em Rawalpindi, Bhutto foi enviado para o Convento de Jesus e Maria em Murree. Passou o exame de nível A aos 15 anos de idade, sendo a idade habitual de 17 anos. Depois de completar a sua educação primária no Paquistão, frequentou a Universidade de Harvard, onde se graduou cum laude em governo comparativo.

A fase seguinte da sua educação teve lugar no Reino Unido. Entre 1973 e 1977, Bhutto estudou filosofia, política e economia no Lady Margaret Hall, Oxford. Fez um curso de direito internacional e diplomacia em Oxford. Em Dezembro de 1976, foi eleita Presidente da União de Oxford, tornando-se a primeira mulher asiática a dirigir a prestigiosa sociedade em debate. Em 18 de Dezembro de 1987, casou com Asif Ali Zardari em Karachi. Deste casamento nasceram três filhos. O pai de Benazir Bhutto, o antigo Primeiro-Ministro Zulfikar Ali Bhutto, foi afastado como Primeiro-Ministro em 1975 sob acusações de corrupção semelhantes às que Benazir Bhutto enfrentaria mais tarde.

Num julgamento de 1977, Zulfikar Ali Bhutto foi condenado à morte por conspirar para assassinar o pai do político dissidente Ahmed Raza Kasuri. Embora a acusação tenha sido "amplamente questionada pelo público", e apesar dos numerosos apelos de clemência de líderes estrangeiros, incluindo o Papa, Bhutto foi enforcado a 4 de Abril de 1979. Os apelos à clemência foram rejeitados pelo então Presidente, General Muhammad Zia-ul-Haq. Benazir Bhutto e a sua mãe foram detidas num "campo de polícia" até ao final de Maio, após a execução do seu pai.

Em 1980, o seu irmão Shahnawaz foi morto em circunstâncias suspeitas em França. O assassinato de outro dos seus irmãos, Mir Murtaza, em 1996, ajudou a desestabilizar o seu segundo mandato como primeiro-ministro. Bhutto, que tinha regressado ao Paquistão após completar os seus estudos, viu-se em prisão domiciliária na sequência da prisão e subsequente execução do seu pai. Foi autorizada a regressar à Grã-Bretanha em 1984 e tornou-se líder no exílio do partido PPP do seu pai, embora só tenha conseguido fazer sentir a sua presença política no Paquistão após a morte do General Muhammad Zia-ul-Haq. Ela tinha sucedido à sua mãe como líder do Partido Popular do Paquistão e da oposição pró-democracia ao regime de Zia-ul-Haq.

A 16 de Novembro de 1988, nas primeiras eleições abertas em mais de uma década, a PPP de Benazir ganhou o maior número de lugares na Assembleia Nacional. Bhutto tomou posse como primeiro-ministro de um governo de coligação a 2 de Dezembro de 1998, tornando-se a pessoa mais jovem - e a primeira mulher - a chefiar o governo de um estado de maioria muçulmana nos tempos modernos.

Mas o seu governo foi demitido em 1990 por acusações de corrupção, pelas quais ela nunca foi julgada. Nawaz Sharif, o protegido de Zia, chegou então ao poder. Bhutto foi reeleito em 1993, mas foi afastado do cargo três anos mais tarde, no meio de um coro de escândalos de corrupção pelo então Presidente Farooq Leghari, que utilizou os poderes discricionários da Oitava Emenda para dissolver o seu governo. O Supremo Tribunal confirmou o impeachment do Presidente Leghari numa decisão de 6-1.

Em 2006, a Interpol emitiu um pedido para a detenção de Benazir e do seu marido. Grande parte das críticas a Benazir vieram das elites Punjabi e das poderosas famílias latifundiárias que se opuseram a Bhutto ao empurrar o Paquistão para uma reforma nacionalista à custa dos interesses dos senhores feudais, a quem ela culpou pela desestabilização do seu país. Depois de ter sido despedida pela Presidente do Paquistão por corrupção, o seu partido perdeu as eleições de Outubro. Ela serviu como líder da oposição enquanto Nawaz Sharif se tornou Primeiro-Ministro durante os três anos seguintes. Novas eleições foram realizadas em Outubro de 1993 e a sua coligação PPP saiu vitoriosa, trazendo Bhutto de volta ao poder. Em 1996, o seu governo foi novamente demitido por corrupção.

Documentos franceses, polacos, espanhóis e suíços levaram a mais acusações de corrupção contra Benazar e o seu marido, e ambos foram objecto de vários processos judiciais, incluindo uma acusação de branqueamento de capitais através de bancos suíços. O seu marido, Asif Ali Zardari, passou oito anos na prisão com acusações de corrupção semelhantes. Zardari, que foi libertado da prisão em 2004, sugeriu que o seu tempo na prisão foi marcado pela tortura.

Um relatório de investigação do *New York* Times de 1998 indica que as autoridades paquistanesas tinham documentos que revelavam uma rede de contas bancárias, todas ligadas ao advogado da família na Suíça, da qual Asif Zardari era o principal accionista. De acordo com o artigo, documentos divulgados pelas autoridades francesas indicam que a Zardari ofereceu direitos exclusivos à Dassault, um fabricante francês de aviões, para substituir os antigos aviões de combate da força aérea paquistanesa, em troca de uma comissão de 5% a ser paga a uma empresa suíça controlada pela Zardari. O artigo afirma também que uma empresa do Dubai recebeu uma licença exclusiva para importar ouro para o Paquistão, pelo qual Asif Zardari recebeu pagamentos de mais de 10 milhões de dólares nas suas contas do Citibank sediadas no Dubai. O proprietário da empresa negou fazer quaisquer pagamentos à Zardari e alega que os documentos são falsificados.

Bhutto afirma que as acusações contra ela e o seu marido são puramente políticas. "A maioria destes documentos é fabricada", diz ela, "e as histórias que foram contadas à sua volta são absolutamente falsas". O relatório do Auditor Geral do Paquistão (AGP) apoiou a reivindicação da Sra. Bhutto. Apresenta informação que sugere que Benazir Bhutto foi expulso do poder em 1990 na sequência de uma caça às bruxas aprovada pelo então Presidente Ghulam Ishaq Khan. O relatório da AGP afirma que Khan fez pagamentos ilegais de 28 milhões de rupias para apresentar 19 casos de corrupção contra Bhutto e o seu marido nos anos 1990-1993.

Os bens detidos por Bhutto e seu marido foram devidamente examinados por procuradores que alegaram então que as contas bancárias suíças de Bhutto tinham 840 milhões de dólares. Zardari também comprou uma mansão Tudor Revival e uma propriedade no valor de mais de £4 milhões em Surrey, Inglaterra, no Reino Unido. Os investigadores paquistaneses ligaram outras propriedades no estrangeiro à família de Zardari. Estes incluem uma mansão de 2,5 milhões de dólares na Normandia, propriedade dos pais de Zardari, que tinham bens modestos na altura do seu casamento. Bhutto negou possuir quaisquer activos significativos no estrangeiro.

Até há pouco tempo, Benazir Bhutto e o seu marido enfrentaram acusações oficiais de corrupção envolvendo centenas de milhões de dólares em "comissões" sobre contratos e concursos governamentais. Mas graças a um acordo de partilha de poder negociado em Outubro de 2007 entre Bhutto e Musharraf, Benazir e o seu marido foram amnistiados. Se esta decisão se mantiver, poderá levar vários bancos suíços a "descongelar" contas congeladas no final dos anos 90. A ordem executiva poderia, em princípio, ser contestada pelo poder judicial, embora o futuro deste último seja incerto devido aos mesmos desenvolvimentos recentes. A 23 de Julho de 1998, o governo suíço entregou ao governo paquistanês documentos relacionados com alegações de corrupção contra Benazir Bhutto e o seu marido. Os documentos incluíam uma acusação formal de branqueamento de dinheiro por parte das autoridades suíças contra a Zardari.

O governo paquistanês tem conduzido uma investigação importante para recuperar mais de 13,7 milhões de dólares congelados pelas autoridades suíças em 1997, alegadamente escondidos nos bancos por Bhutto e o seu marido. O governo paquistanês lançou recentemente um processo criminal contra a Sra. Bhutto para localizar um montante estimado em 1,5 mil milhões de dólares que ela e o seu marido alegadamente receberam em vários empreendimentos criminosos. Os documentos sugerem que o dinheiro que o Zardari terá alegadamente lavado estava à disposição de Benazir Bhutto e tinha sido utilizado para comprar um colar de diamantes por mais de $175.000.

O PPP respondeu negando categoricamente as acusações, sugerindo que as autoridades suíças tinham sido enganadas por provas falsas fornecidas por Islamabad. A 6 de Agosto de 2003, os magistrados suíços declararam Benazir e o seu marido culpados de lavagem de dinheiro. Foi-lhes aplicada uma pena de prisão suspensa de seis meses, multados em $50.000 cada um e ordenados a pagar $11 milhões ao governo paquistanês.

O julgamento de seis anos concluiu que Benazir e Zardari tinham depositado 10 milhões de dólares em contas suíças que lhes tinham sido dadas por uma empresa suíça em troca de um contrato no Paquistão. O casal disse que iria apelar.

Investigadores paquistaneses dizem que Zardari abriu uma conta no Citibank em Genebra em 1995, através da qual alegadamente canalizou cerca de $40 milhões dos $100 milhões que recebeu em subornos de empresas estrangeiras que faziam negócios no Paquistão.

Em Outubro de 2007, Daniel Zappelli, promotor público do cantão de Genebra, disse que na segunda-feira tinha recebido as conclusões de uma investigação sobre branqueamento de capitais contra o antigo Primeiro-Ministro paquistanês Benazir Bhutto, mas que não tinha a certeza se ela iria ser processada na Suíça:

> O governo polaco entregou ao Paquistão mais de 500 páginas de documentos relacionados com alegações de corrupção contra Benazir Bhutto e o seu marido. Os encargos referem-se à compra de 8.000 tractores num negócio de 1997. Segundo funcionários paquistaneses, os documentos polacos contêm pormenores de comissões ilegais pagas pela empresa de tractores em troca da aceitação do seu contrato. É alegado que o acordo "desnatado" 103 milhões de rupias (2 milhões de dólares) em subornos.

As provas documentais recebidas da Polónia confirmam o esquema de suborno estabelecido por Asif Zardari e Benazir Bhutto em nome do lançamento do projecto do tractor Awami.

Benazir Bhutto e Asif Ali Zardari alegadamente receberam uma comissão de 7,15% sobre estas compras através dos seus homens da frente, Jens Schlegelmilch e Didier Plantin da Dargal S.A., que também receberam aproximadamente 1,969 milhões de dólares pelo fornecimento de 5.900 tractores Ursus.

No maior pagamento descoberto pelos investigadores, um negociante de ouro do Médio Oriente depositou alegadamente pelo menos 10 milhões de dólares numa das contas da Zardari, depois de o governo de Bhutto lhe ter dado o monopólio das importações de ouro que alimentaram a indústria de joalharia e o comércio de drogas do Paquistão. O dinheiro foi alegadamente depositado na conta do Zardari no Citibank no Dubai. A costa do

Mar Arábico do Paquistão, que se estende desde Karachi até à fronteira com o Irão, tem sido durante muito tempo um paraíso para os contrabandistas de ouro.

Até ao início do segundo mandato do Bhutto, este comércio, no valor de centenas de milhões de dólares por ano, não estava regulamentado. Lascas de ouro, chamadas biscoitos, e barras mais pesadas foram levadas de avião e transportadas entre o Golfo Pérsico e a costa paquistanesa largamente desprotegida. A costa desolada de Maccra é também o ponto de entrega de enormes carregamentos de heroína e ópio do Afeganistão e é a base do comércio de ouro com o Banco Britânico do Médio Oriente, sediado no Dubai.

Pouco depois do regresso de Bhutto como primeiro-ministro em 1993, um negociante paquistanês de metais preciosos no Dubai, Abdul Razzak Yaqub, propôs um acordo. Em troca do direito exclusivo de importação de ouro, a Razzak ajudaria o governo a regular o comércio. Em Novembro de 1994, o Ministério do Comércio paquistanês escreveu à Razzak informando-o de que tinha obtido uma licença que o tornava, pelo menos durante os dois anos seguintes, o único importador de ouro licenciado do Paquistão.

Numa entrevista no seu escritório no Dubai, Razzak admitiu que tinha utilizado a licença para importar mais de 500 milhões de dólares de ouro para o Paquistão e que tinha viajado várias vezes para Islamabad para se encontrar com Bhutto e Zardari. Mas negou que houvesse qualquer corrupção ou acordos secretos. "Não paguei um único cêntimo a Zardari", disse ele.

O Sr. Razzak afirma que alguém no Paquistão que queria destruir a sua reputação conseguiu que a sua empresa fosse erradamente identificada como o depositante. "Alguém no banco cooperou com os meus inimigos para fabricar documentos falsos", disse ele.

Em nenhum momento foi mencionado o enorme comércio de heroína e ópio, apesar de ser a base para o comércio de ouro no Dubai. Os produtores de papoilas de ópio em Helmand,

Afeganistão, não aceitam papel-moeda para as suas colheitas, e são sempre pagos em ouro. Desde Setembro de 2004, Bhutto vive no Dubai, Emirados Árabes Unidos, onde cuida dos seus filhos e da sua mãe, que sofre da doença de Alzheimer, viaja para dar palestras e mantém-se em contacto com os apoiantes do Partido Popular do Paquistão. Isto suscita naturalmente a questão. Porquê o Dubai?

A resposta é óbvia. Bhutto ficou no Dubai para supervisionar as enormes transacções de ouro realizadas pelo Banco do Dubai. Ela e os seus três filhos foram reunidos com o marido e o pai em Dezembro de 2004, após mais de cinco anos.

A 27 de Janeiro de 2007, foi convidada pelos Estados Unidos a encontrar-se com o Presidente Bush e representantes do Congresso e do Departamento de Estado. Bhutto apareceu no programa da BBC para o período de perguntas no Reino Unido em Março de 2007. Ela também apareceu várias vezes na BBC News Night. Em Maio de 2007, refutou os comentários de Muhammad Ijaz-ul-Haq sobre a condição de cavaleiro de Salman Rushdie, dizendo que ele apelava ao assassinato de cidadãos estrangeiros.

Bhutto tinha declarado a sua intenção de regressar ao Paquistão em 2007, o que fez, apesar das declarações de Musharraf em Maio de 2007 de que não lhe seria permitido regressar antes das eleições gerais do país, marcadas para finais de 2007 ou princípios de 2008, uma vez que poderia ser assassinada. No entanto, outras fontes avisaram-na de que era muito provável que fosse feita uma tentativa para a assassinar. O comércio da droga é um negócio muito perigoso, e aqueles que cometem o erro de atravessar as famílias dos chefes de família deste lucrativo comércio correm um grande risco.

O historiador americano Arthur Herman, numa carta controversa publicada no *Wall Street Journal* em 14 de Junho de 2007, em resposta a um artigo de Bhutto, altamente crítico do presidente e das suas políticas, descreveu-a como "... um dos líderes mais incompetentes da história do Sul da Ásia", e afirmou que ela e outras elites paquistanesas odeiam Musharraf porque ele é um muhajir, filho de um dos milhões de muçulmanos indianos que fugiram para o Paquistão na altura da divisão em 1947. Herman também alegou:

> "Embora tenham sido os Muhajirs a agir pela criação do Paquistão em primeiro lugar, muitos paquistaneses de etnia consideram-nos com desprezo e tratam-nos como cidadãos de terceira classe".

No entanto, em meados de 2007, os EUA pareciam estar a pressionar para um acordo no qual Musharraf continuaria a ser presidente, mas renunciaria como chefe do exército, e Bhutto ou um dos seus candidatos tornar-se-ia primeiro-ministro.

Apesar de todos os conflitos internos, o comércio da droga continuou, aparentemente alheio aos conflitos políticos em curso. Ninguém teve a coragem de avançar e bloquear o caminho do Afeganistão para os casacos Maccra, o que teria proibido o comércio maciço de ópio. As apostas eram simplesmente demasiado altas para que alguém assumisse uma tarefa tão monumental. Em 2007, a DEA informou que o ópio do Afeganistão tinha atingido uma produção recorde de 6.000 toneladas no ano, apesar do facto de a principal área de cultivo de papoilas opiáceas, Helmand, ser constantemente patrulhada, principalmente por tropas britânicas e americanas sob o comando da OTAN.

Os senhores da droga mostraram mais uma vez ao mundo que não importa que tipo de governo controle um país (qualquer país excepto a Rússia), podem continuar a fazer negócios usando métodos inovadores, uma mudança de ritmo e de direcção. Duvido muito que o novo presidente dos EUA, Barack Obama, seja autorizado a implementar quaisquer medidas que deseje tomar. O tempo o dirá. Entretanto, o negócio multi-biliões de dólares continua a funcionar. O novo "plano de negócios" do cartel da droga apela à deslocação da distribuição de cocaína do México, Caraíbas e Panamá para a África distante.

Além disso, a liderança reduziu o preço da cocaína em 50% a nível grossista, tornando o custo de uma "linha" de cocaína inferior a 5 dólares, o que está ao alcance de todos os clientes na rua. A beleza deste plano do ponto de vista do Cartel é que os países africanos importadores são fáceis de gerir e, com uma ou duas excepções, a aplicação da lei é extremamente laxista e muito susceptível à corrupção.

Outro país onde a cocaína entra no mercado europeu é o "Kosova", a ideia de Richard Holbrook, o chamado arquitecto da destruição da Sérvia, que foi simplesmente dada de presente à Albânia, um país decadente que trafica droga e escravos brancos. Sim, acreditem ou não, o produto nacional bruto da Albânia é constituído pelos rendimentos do tráfico de droga e dos escravos brancos.

A partir de agora, o comércio de cocaína florescerá no Kosovo, tal como tem vindo a florescer desde há cem anos na Albânia. Qualquer tentativa por parte de agentes da DEA para o impedir será recebida com intimidação e homicídio. Até que a agência anti-narcóticos da ONU e as forças anti-droga da Europa Ocidental e dos Estados Unidos se ocupem das novas rotas de distribuição, os senhores do cartel da droga terão rédea solta.

## Uma actualização Abril de 2009

Há três anos, as autoridades mexicanas, impulsionadas pelos Estados Unidos, declararam guerra aos traficantes de droga. Como resultado desta acção, o México enfrenta um rápido declínio e colapso, a menos que os EUA intervenham e ajudem o México com tropas e financiamento adequado. Enquanto a nova secretária de Estado da administração Obama reconhece que a batalha em curso no México representa um perigo muito real se se derramar sobre os EUA, ela disse recentemente à CBS News que se prepara para tomar medidas para ajudar o México com homens e dinheiro. Face ao facto conhecido de que os senhores da droga mexicanos estão a aterrorizar o México com actos de brutalidade que são horríveis - a relutância até agora dos EUA em ajudar é difícil de compreender. Não é como se o México estivesse muito afastado dos EUA, ou que não tenhamos uma relação próxima. Na verdade, estamos mais próximos do México, diplomaticamente falando, do que do Canadá.

Em Janeiro de 2009, os terroristas mexicanos raptaram dez soldados. Pouco tempo depois, os seus corpos com balas foram despejados na berma de uma estrada movimentada. Num outro caso, um cidadão considerado informador da polícia foi raptado, a sua cabeça cortada e o seu corpo pendurado na berma de uma ponte da auto-estrada, à vista de milhares de automobilistas que utilizam o metro.

Em 2008, 6.300 pessoas foram raptadas e mortas por terroristas da droga. De facto, a Cidade do México ganhou a reputação invejável de ser a capital mundial dos raptos. Tanto os ricos como os pobres são vítimas. Recentemente, 250.000 pessoas reuniram-se na praça principal da Cidade do México para protestar contra a lenta resposta do governo aos senhores da droga. Mas a verdade é que o México não tem nem os recursos humanos nem o dinheiro para montar o tipo de resposta esmagadora aos senhores da droga que é necessária. Além disso, os senhores da droga estão melhor armados do que o governo mexicano.

Polícia mexicana e agentes federais de combate à droga. Os traficantes de droga têm espingardas e granadas de mão totalmente automáticas e têm derrotado regularmente a polícia mexicana numa série de batalhas de arremesso. As suas armas de alta qualidade são compradas a troco de dinheiro a comerciantes nos EUA. O governo dos EUA diz que está a pressionar para parar estas vendas de armas. De acordo com um estudo recente da ONU sobre o México, o comércio da droga vale uns espantosos 38 mil milhões de dólares por ano, e cada vez mais traficantes estão a entrar no negócio todos os meses. A corrupção é frequente nas forças anti-droga do México, e embora o Procurador-Geral do México diga ter adoptado novas medidas para refrear o comércio de droga, tudo indica que a criminalidade violenta relacionada com a droga está a aumentar. Há alguns pontos brilhantes neste quadro sombrio: em 2008, o México prendeu 57.000 traficantes de droga e acaba de ser revelado que o governo dos Estados Unidos cometeu mais 56 milhões de dólares por ano para ajudar o México na sua luta contra os senhores da droga.

Como se temia, o terrorismo de droga mexicano alastrou a 230 cidades americanas e é agora, em meados de Abril de 2009, o crime número um na América. É nosso dever juntarmo-nos à luta em curso contra a perigosa ameaça que o tráfico de droga representa para a América. Temos de compreender que estamos em guerra com homens impiedosos que estão determinados a minar e derrubar a nossa grande República. Os Estados Unidos devem seguir o exemplo do Presidente Betancourt da Colômbia. Todo o futuro da nossa nação está em jogo. Esta não é uma guerra da qual nos possamos afastar. É uma luta até à morte. Temos de ganhar esta guerra. Se não o ganharmos, o inimigo dentro dos nossos portões terá dado um passo gigantesco na implementação da sua agenda de escravatura e escuridão para todos nós, tal como previsto nos planos do Governo Mundial Único.

.

# Já publicado

OMNIAVERITAS. OMNIA VERITAS LTD APRESENTA:

**A DITADURA da ORDEM MUNDIAL SOCIALISTA**

Todos estes anos, enquanto a nossa atenção estava centrada nos males do comunismo em Moscovo, os socialistas em Washington estavam ocupados a roubar da América...

POR JOHN COLEMAN

"O inimigo em Washington é mais a temer do que o inimigo em Moscovo"

OMNIAVERITAS. OMNIA VERITAS LTD APRESENTA:

**A DINASTIA ROTHSCHILD**

por John Coleman

Os acontecimentos históricos são frequentemente causados por uma "mão escondida"

OMNIAVERITAS. OMNIA VERITAS LTD APRESENTA:

**AS GUERRAS DO PETRÓLEO**

POR JOHN COLEMAN

O relato histórico da indústria petrolífera leva-nos através das voltas e reviravoltas da "diplomacia".

A luta para monopolizar os recursos cobiçados por todas as nações